C/ Campezo, 13 - 28022 Madrid
Tel.: 91 3009102 - Fax: 91 3009118
general.servilibro@susaeta.com

365 Històries

Il·lustracions de Carlos Busquets,
Mª Ángeles Battle i M. López

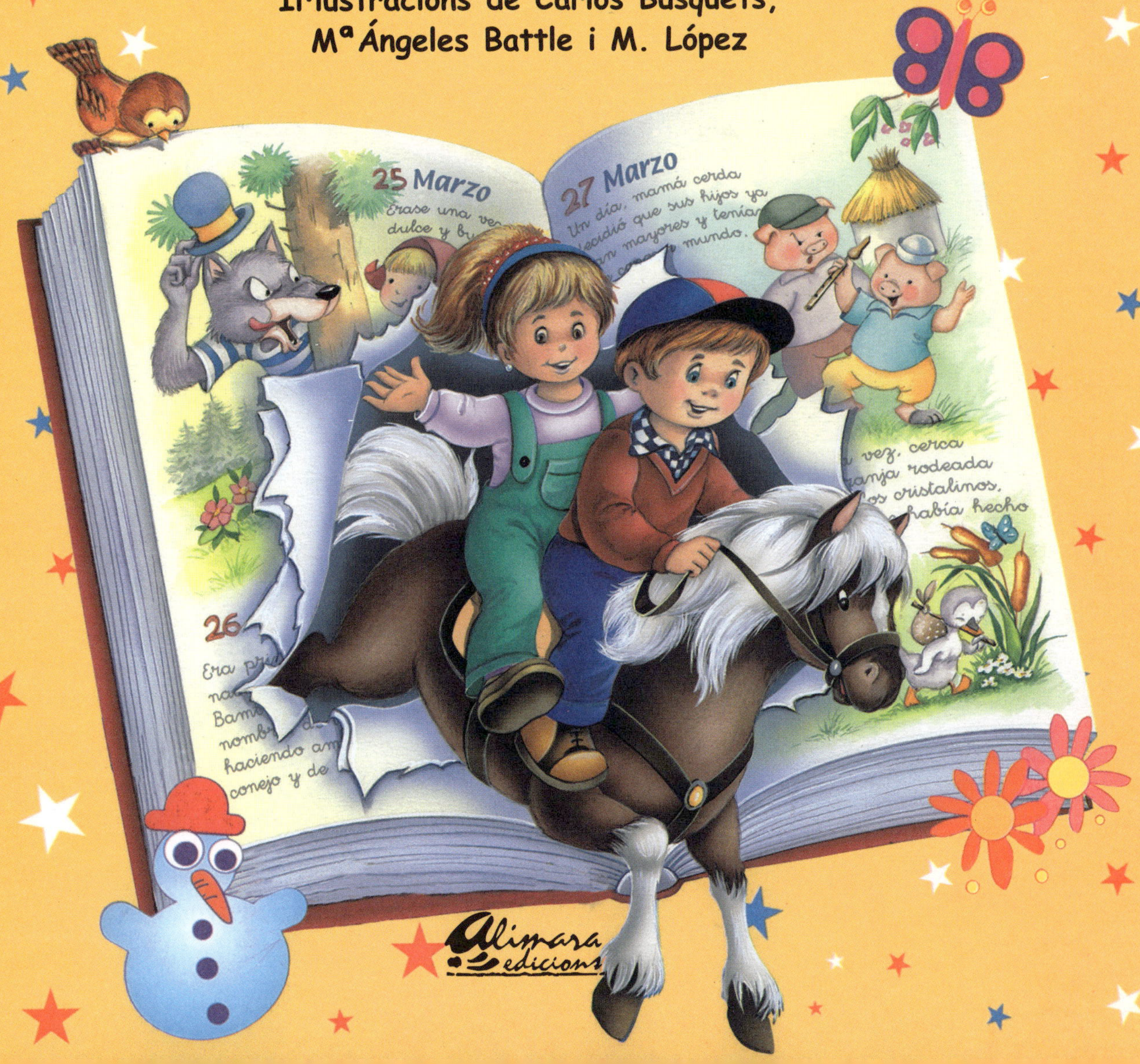

Alimara edicions

GENER

1

L'arribada de l'Any Nou

Quina nit! Com cada any, aquest també hem celebrat la nit de Cap d'Any en família, a casa. La mare havia preparat un sopar deliciós i unes postres... per llepar-se'n els dits! Després de sopar, el pare va posar música i vam tirar serpentines i confeti, ballant i cantant per acomiadar l'any.

En arribar la mitjanit, vam menjar-nos els dotze grans de raïm al so de les campanades. Després ens vam disfressar amb barrets. Els grans van brindar amb cava i els petits vam poder jugar amb bengales. El pare llançava coets des del balcó. Que divertit! Quant de soroll, i quants colors! Vam sortir al carrer a felicitar tots els nostres veïns.

La festa va continuar fins a les tres de la matinada. Ens ho vam passar de primera..., però també em vaig alegrar de ficar-me al llit.

Aquest matí ens hem llevat a les onze!

Després d'arreglar-nos, anirem a felicitar l'Any Nou a la família i als amics que no van ser a casa ahir a la nit.

El dia de Cap d'Any és un dia en què ens omplim de bons desigs i de promeses per a l'any que estrenem. El que jo vull és que la humanitat no es baralli més, que deixi d'existir la violència i que tots procurem viure en pau. Bon any a tots!

2 Polzet

Hi havia una vegada un llenyataire tan pobre que no podia mantenir els seus set fills. Una nit va dir a la seva muller:
–Demà els hauré d'abandonar al bosc. No tenim alternativa.
Però el més petit de tots, que es deia Polzet, ho havia sentit tot. Va omplir-se les butxaques de pedretes blanques i, l'endemà, quan van abandonar els set germans al bosc, en Polzet va tranquil·litzar-los: havia llençat pedretes al llarg del camí, i així van poder tornar a casa.
Al cap d'uns dies, l'infeliç llenyataire va abandonar-los un altre cop. Aquesta vegada en Polzet no havia tingut temps d'agafar pedretes per anar sembrant pistes pel camí. Estaven perduts de debò?

3

Després de caminar molt, van arribar a un castell enorme. Allà vivia un Ogre amb les seves set filles. L'Ogre va deixar que els nens es quedessin a dormir a casa seva. Ja havia sopat i va pensar que valdria més menjar-se'ls al matí, per esmorzar.
Les set filles de l'Ogre dormien en un llit immens. Cadascuna duia posada al cap una corona d'or. Durant la nit, en Polzet va aconseguir treure-les-hi i després va posar-les als seus germans, que també dormien en un llit molt gran. Per què creieu que va fer una cosa així?

4

Com que l'Ogre tenia molta gana, va despertar-se a mitja nit i va decidir menjar-se els nens. Va anar on dormien i, en tocar les corones, va pensar que eren les seves filles. Aleshores va anar a l'altra habitació... i en notar que no duien res al cap, va menjar-se les nenes. L'endemà al matí, els set germans van fugir corrents del castell. Els seus pares els van rebre amb molta alegria. En Polzet, que havia pres les botes de set llegües a l'Ogre, va fer-se famós com a missatger del rei. Va guanyar molts diners i va poder ajudar la seva família, que des d'aleshores visqué feliç.

5 Els Reis d'Orient

Fa molt de temps, en una regió molt llunyana d'Orient, els tres Reis Mags caminaven pel desert seguint una estrella. Els havien anunciat que darrere el seu rastre arribarien al lloc del naixement del Rei dels jueus. Volien ser els primers d'adorar-lo i li duien tres regals preciosos: or, encens i mirra. L'estrella va aturar-se en una establia.

–Deu ser aquí! – dir en Baltasar.

–Aquí? –van exclamar en Melcior i en Gaspar–. Però si és una establia!

6

-Entrem-hi! -va dir en Gaspar, decidit.
I allà, entre un bou i una mula, van veure un nounat i immediatament van adonar-se que es tractava de l'infant que buscaven. En Josep i la Maria van quedar--se astorats davant una visita tan distingida.
-Aquest infant és el Messies promès -va dir en Melcior-. El Salvador del poble d'Israel. És el nostre Déu i venim a adorar-lo.
Els tres Reis d'Orient van agenollar-se davant el bressol del nen Jesús. Des d'aleshores celebrem el dia dels Tres Reis Mags i, si ens portem bé, també ens duen regals a nosaltres.

7 Si us plau no molesteu

Per protegir-se del fred de l'hivern, molts mamífers s'amaguen i dormen. Te'ls pots trobar en un graner, o al camp, ben arrecerats. A l'eriçó li encanta fer-se una bola i rodolar per la palla. Sembla que és mort, però no!, només està hivernant. Ningú no podrà despertar-lo abans que arribi la primavera. Mentrestant, no té ni gana ni set. Quina sort poder descansar així!

8

L'ós també dorm durant tot l'hivern. S'alimenta de mel i, quan està satisfet, es fica al fons d'un forat. Amb el càlid pèl i aquella espessa capa de greix que té, no li preocupa gens ni mica el fred.
L'ermini no hiverna, però és molt presumit! Com li agrada canviar de roba! Durant l'estiu és de color bru, però a l'hivern la pell se li torna blanca del tot. Només conserva una mica de pèl negre a la punta de la cua. No hi ha manera de distingir-lo enmig de la neu!

9

En Màrius és un nen molt intel·ligent, però té un defecte, i és que no li agrada gens ni mica treballar. Quan va a passejar, no triga ni deu segons a trobar una drecera o una idea genial per caminar menys. Avui, per exemple, per passejar amb la seva germaneta amb trineu sense haver d'arrossegar-lo, se li ha acudit lligar la corda del trineu al collar del Soldà, el gos del veí. La Sònia estava contentíssima, quina idea tan genial!

10

Perquè el Soldà s'estigués quiet, en Màrius va donar-li l'entrepà que la mare li havia preparat per a berenar.
-Va, corre! -va cridar al gos.
El Soldà va posar-se a córrer a tota velocitat.
El tros de camí recte que van recórrer no va suposar cap dificultat, però en agafar el primer revolt va produir-se el desastre: el trineu va saltar enlaire i els nens van rodolar per terra. Ara el pobre Màrius haurà d'estirar el trineu fins a casa, i amb la panxa buida!

11

Quin bon amic!

Avui és l'aniversari d'en Miquel.
Els seus pares li han donat diners perquè es compri un monopatí i la seva música preferida.
Que content que va cap a la botiga!
-Hola, Miquel! -diu una veu que no sap gaire bé d'on surt.
En tombar-se veu en Manel, un company de classe.
-Avui és el meu aniversari -diu en Miquel, molt content-. Em compraré un monopatí i també...

12

–Jo vaig fer dotze anys abans d'ahir –diu en Manel–, però no em van regalar res...
El cor d'en Miquel bat amb una mica més de força. Mira el seu company i no sap massa què fer...
–Tinc una idea! Si vols, ho compartim. Amb aquests diners, podem comprar-nos altres coses. Què et sembla?
–Miquel, ets un amic de debò –diu en Manel, somrient–. Però què diran els teus pares?
Els seus pares estan encantats que el seu fill hagi tingut una idea tan bona, i n'estan orgullosos.

13 El cavallet de mitjó

L'hivern és molt divertit quan hi ha neu. En Pere i la Laura han anat molts dies a passejar amb trineu, han fet ninots de neu, s'han tirat per pendents i han fet divertides batalles amb boles de neu.
Però avui fa molt de fred, i no hi ha neu!
En Pere i la Laura han decidit inventar-se d'altres jocs divertits. Si segueixes els seus consells, també tu podràs divertir-te. Sabies que els mitjons llargs de llana o els guants vells poden servir per a fer manualitats?
Vés a buscar un mitjó vell que no faci servir ningú de casa. A continuació...

14

...omple'l amb trossos de roba, cotó fluix o paper de diari, fins que s'aguanti ben dret. Aleshores busca una escombra i enfonsa el mitjó al pal fins que arribi al taló, i fixa'l amb una corda. Oi que sembla el cap d'un cavall intrèpid? Amb ell podràs córrer tantes aventures...
Evidentment, cal aconseguir també una mica de llana per a fer la crinera i cosir els ulls, que s'improvisen amb dos botons o amb feltre. Seguint aquest mateix procediment, però sense l'escombra, també podràs fer putxinel·lis. Prova-ho!

15 Com ajudar els ocells a l'hivern

Els ocells pateixen molt quan fa fred. No troben menjar i l'aigua està glaçada. Vols saber com ajudar-los? Pots fer-los una menjadora. Agafa una ampolla de plàstic, unta-la amb cola i fes-la rodolar sobre bocins de fusta o de molsa. Omple l'ampolla amb menjar per a ocells i penja-la en una branca d'arbre, de cap per avall, i amb un platet just a sota, perquè el menjar vagi caient de mica en mica.

16

Ja veuràs com els ocells
no trigaran a descobrir-ho!
Però què els has posat?
Els ocells no mengen pas qualsevol cosa: a la mallerenga li agrada l'escaiola, i es torna boja amb la mantega; el pardal s'estima més les molles de pa. També pots fer-los un abeurador, tot i que, alerta!, l'aigua es pot glaçar. Per evitar-ho, tira-la en un bol amb unes gotetes d'oli. També pots construir-los un niu. Penja un test en un arbre després d'haver-hi eixamplat el forat del fons; però intenta no posar-lo gaire a prop de casa. No els agradaria.

17

Seguint les petjades

En una bonica tarda nevada, en Joan i la Beatriu van anar al bosc. Buscaven petjades d'animals a la neu.
–Oh, mira! Per aquí ha passat un conill, i allà hi veig els salts d'una llebre –exclama la Beatriu.
En Joan va descobrir la presència d'ocells: els petits triangles són les petjades d'aneguets, i allà ha saltat una merla; mira quines petjades tan uniformes que deixa!

18 Alerta amb la foscor!

–Visca! Un raig de sol!
La Maria estava emocionada. Feia molt de temps que el Sol no treia el nas. Però la Maria és una mica distreta. Estava tan entusiasmada amb el bon temps que va sortir a fora sense jaqueta, en ple hivern! I sense pensar-s'ho més, se'n va anar a fer una passejada pel bosc...
–Hola, Duc! –va cridar al gos de la senyora Peris–. M'acompanyes?
El gos estava tan content de veure algú al carrer que no va poder resistir la temptació d'anar-se'n amb ella. El Duc és un bon company d'aventures; té molt bon olfacte. Encara sort, perquè la Maria no té gens de sentit de l'orientació! Creieu que la Maria es perdrà?

19

Al bosc hi ha un circuit per a mantenir-se en forma, amb molts aparells d'exercicis de gimnàstica. A la Maria li encanta seguir-lo i avança contenta sense adonar-se que passa el temps i que cada cop és més lluny de casa. A l'hivern, els dies són molt curt i en fer l'últim exercici la Maria s'adona que ja és de nit.
« I ara... com tornaré?».
Sort que el Duc era allà! Sense ell, la Maria mai no hauria trobat el camí de tornada.

20

Només un somriure

La Teresa és molt gran i ha de caminar a poc a poc. És clar, si ja té noranta anys! Al barri tots l'anomenen Taronja, i això la fa somriure sempre..., i quan somriu, se li aixequen tant les galtes que gairebé no se li veuen els ulls.
Un matí, la Taronja tornava del mercat amb un cistell de vímet en una mà i el paraigua a l'altra. «Quin dia tan rúfol», pensava l'àvia. Una ventada va fer-li volar el paraigua. Mentre la Taronja intentava recuperar-lo, se li va obrir el cistell i totes les taronges van començar a rodolar per terra. En aquell moment passaven per allà en Quim i la seva colla. Els nois es van posar a riure en veure el que li estava passant a la pobra Taronja. Què creieu que va fer en Quim?
En Quim va fulminar-los amb la mirada, va travessar el carrer i va recuperar el paraigua. Després va recollir les taronges i va tornar a col·locar-les al cistell de la Teresa.
–Gràcies, menut! –va dir-li ella.
–Ha estat un plaer, senyora.
–Tothom em diu Taronja. Tu també pots dir-me'n –va respondre l'àvia, somrient.
En Quim va acomiadar-se de la Taronja i va tornar a la cantonada on s'havien quedat els seus amics. En Joan va preguntar:
–Què t'ha donat a canvi?
–Una cosa millor del que et penses...
–Què t'ha donat? –va preguntar en Marc.
–Senzillament un somriure.

21

22 El pardal

L'Aleta, un bonic pardal, es posa la bufanda i la gorra per anar a buscar una mica de menjar. Però... quina pena!, s'ha posat a nevar una altra vegada.

–I ara què faig? –diu, tremolant de fred.

–Veus aquella masia? –li respon el bedoll–. Entra-hi i hi estaràs molt calentó.

–I tu què faràs?

–Jo ja hi estic acostumat! –li contesta l'arbre.

L'Aleta va entrar a la masia, on hi havia uns ocells que picaven a la menjadora del garrí.

–Vine aquí amb nosaltres! –li diu un d'ells–. En Bull, el garrí, és molt generós. Sempre comparteix el menjar. Gràcies a ell sobreviurem aquest hivern.

23 Les taronges

Som a l'hivern, que és l'estació de les taronges. Amb elles es poden fer moltes coses, a més de menjar-te-les o de beure-te'n el suc. Sabies que el forat d'una agulla col·locat a vuit metres d'una taronja equival proporcionalment a la grandària de la Terra respecte del Sol i la distància que hi ha entremig? Les taronges, com que són tan rodonetes, poder utilitzar-se també com a pilotes per aprendre a fer jocs malabars. A més, quan mengis taronges, intenta tallar-les amb compte per la meitat. Amb les mitges taronges pots fer boniques espelmes. Posa unes gotes d'oli a les pells buides, perquè serveixi de combustible. La tija blanca del centre fa de metxa.

24

Per als nens llaminers tenim una recepta que se'n lleparan els dits: «piruletes de taronja». Calen dotze bastonets, paper d'alumini i quinze cullerades de xarop fet amb sucre i el suc d'una taronja. Primer es preparen els bastonets, sobre el paper d'alumini untat d'oli perquè no s'hi enganxin. Després es fon el sucre amb el suc, a foc lent, sense parar de remenar-ho. Deixa caure una gota d'aquest preparat a l'aigua, i si es cristal·litza en dos segons, ja està! Aboca'n una mica a la part superior dels bastonets, i ja tens les teves piruletes!

25 La neu i el glaç i 26

A fora hi ha com a mínim quinze centímetres de neu. Com que la neu té aire a dins, és un aïllant excel·lent. Els esquimals la fan servir per a protegir-se del fred i amb ella construeixen els seus iglús, que són les cases on viuen. A dintre no hi passen gens de fred. A terra, sota la neu, hivernen molts insectes que no podrien suportar el dur hivern si no tinguessin al damunt neu que els protegís de les glaçades. Com que l'estany està glaçat, avui podríem anar a patinar. El glaç és aigua endurida pel fred. Quan l'aigua baixa fins a zero graus, es transforma en gel. El glaç és un gran amic del camp, ja que l'allibera de les plagues, però fa la vida més difícil a algunes bestioles. Quan els ànecs noten que arriba el fred, juguen amb l'aigua de l'estany per impedir que es glaci. Però tots els seus esforços són inútils! Quan els estanys es glacen, els ànecs emigren als rierols, perquè allà l'aigua corre i és més difícil que es congeli.

27 El llop i les set cabretes

Set cabretes vivien amb la seva mare en una casa al bosc. Com que ella havia de sortir sovint a comprar, sempre les avisava:

–Quan surti, no obriu mai la porta a cap desconegut. El llop ronda per aquí a la vora i és molt perillós.

Un dia, el malvat llop va trucar a la porta quan la mare cabra havia anat a la ciutat. Què van fer les cabretes?

28

Les cabretes, que eren molt obedients, es van negar a obrir la porta. Aleshores el llop va anar a comprar una capsa enorme de caramels i va tornar per oferir-los-en.

Però les cabretes van cridar:

–Si ets la mare, ensenya'ns la pota per sota de la porta.

Quan van veure la pota, van adonar-se que era el llop. La bèstia va marxar enfurismada. De sobte, va tenir una idea... Va anar-se'n al molí i es va fer enfarinar la pota. Va tornar a casa de les cabretes i els va ensenyar la pota blanca. Les cabretes van obrir la porta i el llop va menjar-se-les. Quan la mare cabra va tornar a casa, va trobar-la tota desendreçada. Encara sort que la cabreta més petita s'havia amagat a la caixa del rellotge! Va sortir-ne corrents en sentir la mare i va explicar-li el que havia succeït. I ara què farien?

29

Van sortir a buscar el malvat llop i se'l van trobar dormint. La cabra va tallar-li la panxa amb unes tisores enormes i en van sortir les sis cabretes. Després va tornar a omplir-li l'estómac amb pedres i va cosir-lo amb agulla i fil. Quan el llop va despertar-se, va anar cap al pou a beure aigua, perquè tenia molta set després de l'àpat. Però en abocar-se, com que les pedres pesaven tant, va caure de cap al pou i va ofegar-se. La mare i les set cabretes van alegrar-se'n molt i van fer una festa per a celebrar-ho.

30 La cigala i la formiga

La cigala s'havia passat tot l'estiu cantant nit i dia. Quan va arribar la tardor, les nits van començar a refrescar. Al darrere venia el dur hivern. Bufava sense descans un vent gèlid i no parava de nevar. La cigala no havia emmagatzemat provisions per a passar l'hivern. Tenia molta gana, però el rebost era buit. De sobte va recordar-se de la seva veïna, la formiga. Durant tot l'estiu havia treballat sense parar per acumular menjar per a l'hivern. Tenia el graner atapeït de deliciosos aliments. A la cigala se li feia la boca aigua només de pensar-ho. Com s'atreviria a anar a casa de la formiga?

31

Com que no podia resistir-ho més, la cigala va anar cap a casa de la veïna i va trucar a la porta. Quan la formiga va obrir, va preguntar-li si podia donar-li una mica de menjar per a subsistir fins a la primavera següent. Va prometre-li que li ho tornaria tot sens falta el mes d'agost.

–No cal que em diguis res més: la resposta és no –va dir la formiga en un to molt decidit–. Què has fet durant tot l'estiu?

–Doncs m'he dedicat a cantar –va respondre la cigala.

–Això... t'has dedicat a cantar. Mira que bé! –va dir la formiga–. Doncs ara... balla!

I va tancar-li la porta.

FEBRER

1 Jocs d'hivern

Avui els nens no volen anar a l'escola. Sabeu per què? Perquè ha nevat tota la nit i preferien quedar-se a jugar.

–Ja tindreu temps de jugar després de les classes! –els ha dit el professor–. Si us porteu bé, avui no us poso deures.

Després de classe, els nens han corregut cap a la sortida i han començat a fer un enorme ninot de neu. En Daniel ha preferit jugar amb el trineu.

–No hi pugis sol –li ha dit la seva mare.

Però en Daniel ja hi havia segut i començava a lliscar pendent avall.

–Com es para això? –ha cridat, estirant molt fort la corda.

–Vigileu! –ha cridat en Xavier.

Els nens s'han enretirat just a temps. Com acabarà tot això?

2

El trineu d'en Daniel ha xocat contra el preciós ninot de neu..., que s'ha esmicolat en mil bocins!

–Quina mala idea –ha dit en Pere.

–Ara haurem de tornar a fer-lo –s'ha queixat la Virgínia, molt trista.

–La mare t'ha dit que no pugessis sol al trineu –li ha dit la Patrícia, enfadada.

–Ja n'hi ha prou! No el renyeu més! –ha cridat la Carme–. Segur que aquest accident li ha servit de lliçó.

Els nens han començat la feina una altra vegada, i ara en Daniel també ha participat en la construcció del ninot de neu.

3 Jocs de paraules

L'Anna és una nena molt xerraire. Però avui, cosa estranya, no se la sent parlar.
–Que et passa res, Anna? –li pregunta la seva germana Carolina–. Et trobes malament? Per què no parles avui?
–Estic molt avorrida, Carolina. Fa mal temps i no tinc res per fer.
–No tens res per fer? Mira, et proposo un joc especial per a tu, que t'agraden tant les paraules. Saps jugar a les xarades? Primer endevines una paraula, després n'afegeixes una altra, i quan en tens dues o més de juntes, es forma una paraula que has d'endevinar. Escolta bé el que et diré: la meva primera paraula és el principi dels pantalons, i la segona és on es bat el blat. El significat és un felí. Saps què és?

4

–*Pant*... i *era*. Sí, ja ho sé! Pantera! Ho he endevinat. Una altra vegada, Carolina! És molt divertit!
–D'acord. Aquesta vegada t'ho posaré una mica més difícil. La primera paraula es forma amb les primeres lletres d'any i les darreres de llana; la segona és el contrari de nen, i la tercera és el contrari d'una que va ràpida. La frase sencera és molt a prop meu en aquest moment.
–No entenc res, Carolina.
–Ja no saps com et dius? *Anna... nena... valenta*. Això és el que havies d'endevinar. Què et sembla? Va, una altra!

5 Quina tranquil·litat!

Als camps regna un silenci sepulcral! Sembla que el fred afecta tota la natura. Només els corbs, amb els seus gralls cavernosos, ens fan recordar que encara queda una mica de vida. Un d'ells diu:
–Avui atacarem aquella pila d'escombraries. Deu ser plena de larves i cucs.
Això l'emociona. Li encanta furgar per les deixalles.
–Hem de menjar tot el que puguem –comenta un corb que hi ha a la vora–. El cel està gris i sembla que vol nevar. Què menjarem aleshores?
–Anirem a picar per les masies –proposa un corb, murri.

6

–Ah, no, això de cap de les maneres! –respon la seva companya–. L'última vegada que vaig ficar les potes en un corral, em va atacar un gall malvat. Val més que anem als jardins, perquè jo amb un gall no m'hi torno a enfrontar.
Es fa tard, els corbs s'agrupen i se'n van a dormir. Uns s'allotgen a la part més alta de la vella torre; d'altres, a la copa d'un arbre. Però quin escàndol! No hi ha manera de fer-los callar. Ben entrada la nit, continuen xerrant. D'altres es dediquen a fer voltes pel cel negre, molestant els veïns.

7 Cérvols i cervatons

Els animals del bosc passen molta gana a l'hivern: no troben menjar, perquè tot és cobert de neu. Els arbres no tenen fulles. Els cérvols i els cervatons recorren quilòmetres i quilòmetres per buscar una mica de menjar. Encara sort que el guardabosc els ha instal·lat una menjadora al cor del bosc! Al matí, d'hora, l'omple de palla i també els tira aigua per a beure, perquè el ramat no passi set: l'aigua dels estanys està glaçada. Observa el cérvol gran: ell dirigeix majestuosament tota la seva família. Al cap porta dues grans banyes que es ramifiquen amb els anys i que perd en arribar la tardor. Saps què passarà després?

8

Per primavera li tornen a sortir les banyes. A més, canvia de color: a l'estiu és de color bru vermellós, i a l'hivern és gris. Quan es fa vell, abandona el ramat i viu sol. No s'ha de confondre el cervató amb la cérvola. La cérvola és igual de gran que el cérvol, però no té banyes. Al cervató, més petit, se'l reconeix per les taques blanques que té al llom i pels salts prodigiosos que fa. Viuen tots als boscos, entre els matolls, a prop dels prats. Si un dia vols anar a veure'ls, vés amb molt de compte i no facis soroll!

Com neix el llegum?

9

Quina sort! Ja no glaça! En Pere es posa un jersei gruixut, bufanda i gorra i se'n va a l'hort, on espera trobar els seus amics. Però sembla que no ha sortit ningú. Només hi ha el senyor Peris, que arrenca els darrers enciams de l'hort.
–Que està trist, senyor? –li pregunta en Pere.
–La veritat és que sí, noi –respon l'ancià–. D'aquí a poc ja no podrem fer servir aquest terreny com a hort. Vindran a construir-hi una fàbrica enorme just al damunt. Després de tants anys treballant-lo...
–Quina pena! –diu en Pere–. Què faran tots els pobres follets que pinten les arrels i treballen el llegum sota terra? Vostè me n'ha explicat tantes coses...

10

En Pere passa mala nit, molt amoïnat pels follets. L'endemà al matí, molt d'hora, agafa la bicicleta i torna a l'hort. El noiet observa bocabadat les rases que les màquines han obert a terra..., però no veu els habitants de sota. Decebut i perplex, se'n torna a casa. Pel camí es troba la senyora Maria, que per consolar-lo li diu:
–No pateixis per ells, ja t'explicaré jo com neix en realitat el llegum: és apassionant...

11 L'ós i els dos amics

Dos amics pobres van decidir un dia canviar la seva sort i van deixar volar la imaginació amb grans projectes. Al final van decidir-se pel més eixelebrat de tots. Van anar a veure un comprador de pells i li van vendre a un preu caríssim la pell d'un ós gegantí i magnífic. L'únic problema era que l'ós corria content per les muntanyes. Calia caçar-lo. L'endemà al matí, els dos amics van decidir anar a buscar l'ós. Era allà, dret sobre les potes del darrere. Els caçadors, molt espantats davant d'un animal tan gros, va fugir esperitats. El que anava al davant va enfilar-se al primer arbre que va trobar. L'altre va ensopegar amb una pedra i va caure.

12

Va fer veure que era mort, perquè sabia que els óssos només ataquen quan pensen que estan en perill. L'ós va acostar-se al caçador, va esbufegar i va anar-se'n. L'amic va abandonar l'arbre i va córrer cap a ell per veure si li havia passat res, i l'amic de terra li va dir:

–L'ós m'ha parlat.

–Sí? I què t'ha dit?

–Que mai no s'ha de vendre la pell d'un ós abans de matar-lo.

Molt desil·lusionats després d'una lliçó tan dura, van tornar-se'n cap al poble i van explicar la història al comprador de pells.

13 El dia de sant Valentí

Aquesta tarda el pare ha tornat de la feina amb un paquet molt gros, embolicat amb paper de regal.

–És per a la mare –ens ha dit en veu baixa–. És una sorpresa per al dia de sant Valentí, però no li digueu res, és un secret!

A la nit, a l'hora de sopar, ens ha fet l'ullet i després ha dit a la mare:

–Quina ràbia. Acabo de recordar que demà és sant Valentí... A aquestes hores ja no puc comprar res. Què hi farem! Ja en vindrà un altre l'any que ve... Bé, me'n vaig a dormir.

La mare no contesta res, però es nota que està trista. Nosaltres sopem sense dir res i ens fem mirades de complicitat, somrient.

14

L'endemà al matí, el pare està servint l'esmorzar i en un dels viatges a la cuina porta el famós paquet i el deixa davant de la mare:

–Felicitats, amor meu!

La mare fa veure que està enfadada.

–M'has enganyat! –diu–. I aquesta parelleta ho sabia!

–I què se celebra el dia de sant Valentí? –em pregunta la meva germana.

–És el dia dels enamorats, i en aquest dia es fan regals.

–Però què hi ha en aquell paquet tan ben embolicat?

–Ah! És un secret!

15 El Gat amb Botes

Hi havia una vegada un moliner que tenia tres fills. En morir va deixar en herència el molí al gran, un ase al segon i al tercer només va tocar-li un gat. Aleshores el noi va dir a l'animal:

-Encara que tan sols siguis un gat, jo no t'abandonaré mai.
El gat va respondre:
-Amo, dóna'm unes botes i jo canviaré la teva sort. Espera'm aquí.
I se'n va anar. Pel camí va trobar-se amb la carrossa del rei, que havia sortit a passejar amb la seva filla, la princesa. El Gat amb Botes, que s'havia posat un vestit molt elegant per a l'ocasió, va aturar el vehicle i... què penseu que va dir al rei?

16

-Senyor, el meu amo, el marquès de Carabàs, us espera al seu castell.
Després va pujar a la carrossa, que va continuar el seu camí. Durant tot el trajecte, el Gat amb Botes parlava del seu amo al rei.
-Tot el que veieu per aquí és d'ell -deia.
Van arribar en un magnífic castell. El Gat amb Botes sabia que estava habitat per un ogre amb poders molt especials.
Quan va trobar-se l'ogre, va dir-li:
-No crec que siguis capaç de convertir-te en un animal petit.
Com creieu que va reaccionar l'ogre?

17

L'ogre, en veure que algú dubtada dels seus poders, va transformar-se en un ratolí, i en un tombar d'ulls el gat... va menjar-se'l!
Poc després, el rei i la princesa van instal·lar-se al castell, i el jove va rebre'ls vestit de mil gales. La princesa va pensar que el marquès era molt simpàtic i el rei, que va veure-la més contenta que mai, va decidir concedir la mà de la seva filla a aquell noi encantador i ric. El Gat amb Botes va viure molts, molts anys a prop del seu amo, que sempre va estar-li molt agraït.

18 Quina sort!

Us explicaré la història d'un nen que es diu Josep. Li encanten els animals, però els seus pares no volen tenir-ne a casa.
–Per a tenir un animal a casa cal molt de temps per a tenir-ne cura bé –va dir-li la mare.
Però avui ha estat la festa de l'escola d'en Josep, i a la tómbola li ha tocat un gatet siamès preciós. Com que els pares l'han vist tan content, no li han pogut dir que no se'l quedi.
–De debò que us encantarà. Els gats són molt nets, i jo en tindré cura.

19 Disfressem-nos!

Disfresses, fanals, barrets, serpentines... Per carnestoltes es poden fer moltes coses. Us donaré algunes idees perquè pugueu crear fàcilment accessoris divertits: una bossa d'escombraries oberta pel fons perquè pugueu passar-hi el cap, i uns forats als costats per als braços serà un vestit de bruixa perfecte; un nas postís en forma de ganxo, un barret punxegut i una escombra, i ja teniu la disfressa sencera. Amb les bosses de paper rígid que donen en algunes botigues també pots fer disfresses molt originals: les pintes, hi fas dos forats per als ulls i cuses les cantonades amb una agulla per a convertir-les en orelles...

20

Si tens molta imaginació, pots inventar-te una màscara de monstre. Agafa uns guants de goma dels que es fan servir per a netejar a casa; posa'ls ungles de cartró i pinta-les de colors diferents: autèntiques mans d'home llop. No cal investigar gaire per trobar idees per a disfressar-se; per exemple, una cassola pot servir de barret; amb la capsa del sabó de la rentadora pots fer-te un plomall d'indi; amb un llençol, una toga de romà... Hi ha milers de possibilitats!

21

Quin hivern tan llarg!

La Joana, la llebre, i en Pepet, el conill, no tenen gaire menjar durant l'època de fred. S'han dedicat a buscar per cel i terra, però no troben ni alfals verd ni lletsons. Brrr! A més fa un fred que pela. Per combatre una mica el fred, deixen caure les llargues orelles sobre el llom. Però la millor manera d'escalfar-se continua essent córrer. La Joana és la campiona dels prats. Pot arribar als 60 quilòmetres per hora! Viu en un cau, un senzill forat, poc profund, en ple camp, i de vegades s'amaga entre els matolls. En Pepet és més petit i no corre tan de pressa. Li agrada excavar forats a la terra per arrecerar-hi la família.

22

Grrr! Grrr! Quin soroll tan espantós! És un ramat de senglars que es dedica a esgratinyar a terra. Tot i que no troben gairebé res per a menjar, mai no es desanimen. El senglar va acompanyat de la femella i de les cries: recorren quilòmetres i quilòmetres buscant arrels i insectes per a sobreviure durant l'hivern, i que no se us acudeixi molestar-los! Poden ser molt perillosos. El mascle té dos ullals molt esmolats que tallen com si fossin punyals. Encara sort que només els fa servir quan se sent amenaçat!

23

Per molts anys!

–Per molts anys!
Per molts anys!
Després els hi hem estirat
les orelles fluixet:
un, dos, tres...
I ara han apagat
tots els llums:
arriba el pastís
amb les espelmes.
A bufar!

Avui jo me n'anava a l'escola molt content perquè a la tarda celebraríem a classe l'aniversari de la Sandra i del David. Les seves mares han portat pastes, i fan una cara! Entre tots hem ajudat la mestra a parar una taula enorme al mig del menjador. Després hem cantat en honor dels nostres amics.

24

Tot d'una, la Sílvia s'ha posat a plorar.
-Què et passa, Sílvia?
-pregunta amoïnada la mestra.
-Em fa mal un queixal. No podré menjar pastes! -diu plorant.
-Ja em menjaré jo la teva part -s'ofereix ràpidament en Blai, el fartaner.
-Quin nen tan llaminer! -murmura la senyoreta Martí mirant-se'l.
En Blai es posa vermell com un tomàquet, i aleshores suggereix:
-Podríem guardar les pastes de la Sílvia per a demà. Segur que ja no li farà mal el queixal!
-Aquesta solució m'agrada molt més -diu la mestra.

25

Dos mini-genis

El castor és el constructor més genial d'entre tots els animals. Viu als marges dels rius. I tot i que no té gaire traça caminant per la terra, és un excel·lent nedador. També és llenyataire, enginyer i paleta. Les cabanes que construeixen els castors als rius estan formades per branquillons de fusta, enganxats entre si amb fang. Perquè les cases quedin ben fermes, aixequen autèntiques preses a l'aigua. I fan unes casetes precioses que fins i tot tenen dues sortides: una per anar a fer-se una remullada, directament a l'aigua, i una altra que surt a terra ferma.

26

Un altre animal que resulta molt simpàtic és l'esquirol. Generalment viu a les coníferes. Construeix el niu a les capçades dels pins. Té les potetes molt curtes, proveïdes d'unes urpes que li permeten enfilar-se fàcilment pels troncs dels arbres. No és un animal gaire tímid, i sovint se'l pot veure als parcs i jardins de les ciutats. També es deixa domesticar, si se li dóna menjar regularment. I és molt despistat! Es dedica a emmagatzemar provisions per a l'hivern, i després sovint oblida on les ha amagat.

27 Visita sorpresa

La mestra de la Clara ha decidit que el grup avui visiti el museu d'història natural. La Clara està molt contenta perquè encara no hi havia anat mai. Es veu que hi ha un esquelet de balena i una pila d'animals dissecats. Pugem a l'autocar i... ja hi som!

-Fantàstic -exclama la Clara en veure les grans vitrines plenes d'animals rars, muts i immòbils.

El seu amic Damià està una mica espantat, però no gosa dir res davant dels altres.

-Vine per aquí -li diu la Clara-. Hi ha una saleta molt bonica que encara no hem vist. Semblen animals prehistòrics...

28

On es deuen haver ficat? Els dos nens, perplexos davant el que veuen, s'han separat del grup. Després d'una bona estona, la Clara s'adona que tot està molt tranquil.

-Em sembla que estem sols -diu-. Quina hora és?

-Oh! Però si són les dues! El museu tancarà!

Efectivament, ja no hi ha ningú. Tot d'una, en Damià té una idea:

-Podem sortir per la finestra dels lavabos.

-Encara sort que són oberts! Quin alleujament, l'autocar encara hi és! Prefereixo mil vegades la companyia dels nostres amics que la d'aquells animals! No m'inspiren confiança.

29 Quan arriba la primavera?

La natura està trista aquest hivern perquè no hi ha flors. I si no hi ha flors, no hi ha colors! On són mentrestant les margarides, els clavells, les roses i els lliris? Fa molt de fred perquè aquestes flors puguin obrir-se. Tanmateix, sota terra, les arrels i els bulbs es preparen per a sortir.

–Jo em posaré un vestit magnífic de color blanc i un enorme botó groc –diu la margarida.

-Bah! Encara falta molt per a això. Els meus pètals blancs acaben d'obrir-se i treuen el nas per damunt de la neu -respon el narcís de les neus–. El fred no em fa por.

En Nicolau i la Teresa no poden sentir la conversa de les flors. La nena està bocabadada.

–Jo em pensava que en aquesta estació tan freda no hi havia flors. N'agafaré un pom per a la mare!

Sota terra, diu una clavellina:

-Prou de discutir-vos, amigues meves. Cadascuna de vosaltres sortirà de la terra en el moment oportú. No hi ha pressa. Així doncs, seguiu el meu consell: no sortiu fins que pari de gelar.

-Quin avorriment! -es queixa la rosella–. Haurem d'esperar gaire!

La Negreta, la merla, és dalt de tot d'una branca i tampoc no sent aquestes converses. Està assajant entusiasmada una vegada i una altra la seva actuació per a la gran festa de la primavera. A partir d'ara assajarà els cants des del matí fins a la tarda.

1 Carnaval a l'escola

Aquest any la directora ha organitzat un concurs de disfresses per al carnaval. Vindrà molta gent a la sala d'actes de la nostra escola. Cada espectador triarà les quatre millors disfresses: la més bonica, la més original, la més divertida i la que tingui més colors. Al principi de la desfilada, els candidats, d'un en un, fan una volta per l'escenari i marxen. Després es reuneixen tots els participants a l'escenari per darrer cop i aleshores cau el teló. Al cap de mitja hora, la directora anuncia els resultats. Qui guanyarà?

2

–El premi a la disfressa més bonica és per a la Mireia, la marquesa. És preciós! La disfressa més original és la d'en Josep Maria. Enhorabona! El vestit d'arlequí de l'Estefania és el que té més colors. Felicitats! En la categoria de disfressa més divertida, guanya la de pallasso, de la Júlia. Visca!

Els guanyadors reben una medalla de record i després l'animador demana que comenci a sonar la música. Vola el confeti, les serpentines es desentortolliguen arreu, els nens ballen. Quina tarda tan fabulosa!

3 El picot i el gaig

Toc! Toc! Toc! Qui hi ha? Qui truca als arbres del bosc? Fa el mateix soroll que la maça d'en Pep, l'ebenista. És el Becfí, el picot! Amb el seu llarg bec punxegut pica l'escorça dels arbres vells per fer-ne sortir els insectes: les formigues són el seu plat preferit. Saps què fa per atrapar-les? Treu la llengua, llarga i fina com un fil, i se les empassa: mira si és murri! A més, aquest ocell tan bonic de plomatge verd i groc i cap de color porpra es construeix el niu als clots dels arbres secs.

I ara, qui ha fet aquest esgarip que ressona a poques passes de mi, sota els arbres frondosos?

4

És un gaig. Es pot dir que és el vigilant del bosc: és qui alerta tots els animals quan hi ha algun perill. Jo no tinc intenció de fer mal a ningú: només vull passejar tranquil·lament. L'au emprèn el vol i mostra el bonic plomatge amb ratlles blaves, blanques i negres. S'alimenta principalment de glans: les transporta fins molt lluny, i de vegades no recorda on les ha deixat. En ocasions ataca els nius dels seus companys i es menja els pollets dels ocells que són més dèbils.

5

Blancaneu i els set nans

Hi havia una vegada un rei que, en quedar vidu, va tornar a casar-se amb una dona molt bonica, però molt dolenta. El rei tenia una filla encisadora que es deia Blancaneu. La nova reina odiava la princesa: tot perquè tenia un mirall màgic que un dia va dir-li que la Blancaneu era més bonica que ella. No ho podia suportar. La reina, furiosa, va decidir fer-la matar, però la princesa va poder fugir, perquè el servent de la reina encarregat de matar-la era molt amic de la noia i va deixar-la escapar. Va poder fugir al bosc, on va descobrir una casa on vivien set nans, que van acollir-la amb molt d'afecte. Mentre els nans sortien a treballar, la Blancaneu tenia cura de la casa.

6

Però la reina, que havia consultat una altra vegada el mirall, ja sabia que la Blancaneu encara era viva i va decidir matar-la ella mateixa. Va disfressar-se de velleta i va preparar una preciosa poma enverinada. La Blancaneu va mossegar-la i va caure immediatament a terra, sense vida. Quan els nans van tornar del bosc i van trobar-la morta, no s'ho podien creure. No volien enterrar-la: era tan bonica! Aleshores van decidir posar-la en una urna de vidre perquè tothom la pogués contemplar. Creieu que s'hi va quedar per sempre?

7

L'endemà passejava pel bosc un príncep valent i va veure la princesa a l'urna de vidre, envoltada pels nans, que no paraven de plorar. Va trobar-la tan bonica, que va acostar-se a l'urna, va aixecar la tapa de vidre i va inclinar-se per besar-la. En aquell moment la Blancaneu va obrir els ulls i li somrigué. Com n'estaven tots de contents! La princesa era viva!
El verí no era mortífer.
El príncep va enamorar-se de la Blancaneu. Van casar-se al cap d'uns mesos, al palau reial, i els set nans van assistir a les noces.

8 El lloro xerraire

La senyora Rosa va comprar-se un lloro vermell i verd. Cada dia li ensenyava paraules noves i el lloro les repetia sense dificultat. Fins i tot amb massa facilitat... Un dia, va decidir convidar les seves amigues a berenar, i va aprofitar l'ocasió per presentar-los el lloro. La senyora Rosa va haver de lamentar-ho molt, perquè l'ocell parlava tant, que les senyores no van poder dir ni mitja paraula.

9 D'on ve el vent?

La Patrícia acaba de despertar-se molt sobresaltada i tremola sota els llençols. Tot d'una, un fort xiulet fa que les parets de la casa s'estremeixin. Deu ser el llop, que bufa com en el conte *Els Tres Porquets*? Deu ser una aspiradora descomunal? Quina por!

–Pare! Mare! –crida la Patrícia amb totes les seves forces–. Tinc por!

El seu pare és el primer d'arribar.

10

–Però si és el vent! Sembla que hi haurà una tempesta –respon el pare, amb veu afectuosa–. No tinguis por! Mira, el vent pot servir-te de molta ajuda. Una vegada, quan era petit, vaig anar a passejar per la vora del mar amb el meu avi. Ell va ensenyar-me la direcció que seguia el vent amb l'ajut del penell del campanar. L'endemà, vaig perdre'm a la ciutat i gràcies al vent que bufava vaig poder trobar el camí de tornada a casa, perquè el penell del campanar t'indica la direcció del vent.

11 Un dia de carnaval

Els carrers estan atapeïts de gent. El pare ha dit a en Bernat:
–Ja veuràs, fill: el carnaval és meravellós!
En Bernat, sense deixar-se anar de la mà del seu pare, intenta esmunyir-se entre els espectadors, que empenyen i es diverteixen com a bojos. El nostre amic comença a sentir la música que acompanya els pallassos, els instruments de vent, els picarols i els tambors...
Quina sort que té!
El seu pare se l'enfila a collibè, i des d'allà pot admirar la rua al seu gust. El nen es queda bocabadat: quin espectacle!
–Mira, pare! Has vist què duen aquells senyors al cap?

12

Els barrets, amb plomes d'estruç blanques i de colors, se sacsegen al ritme de la música. Centenars de taronges volen en totes direccions i s'esclafen contra les parets i les reixes que protegeixen els vidres de les finestres.
En Bernat allarga els braços: li encantaria poder ensenyar als seus amics de l'escola una taronja que hagi estat d'un pallasso. En aquell moment, un pallasso s'atura, li fa un senyal amb la mà i li somriu. El nostre amic ha entès el missatge i hop!, atrapa la taronja al vol. Ha estat un dia inoblidable!

13 En Pere està malalt

El vent bufa i plou a bots i barrals. En Pere avui no ha pogut anar a l'escola perquè té la grip. El dia se li fa molt llarg sense els seus companys! El nostre amic s'avorreix, perquè està molt sol. El seu pare ha anat a la feina i la mare també està atrafegada. Només li queda el Zeus, el seu gos, que està ajagut als peus del llit. Però el Zeus sap que l'amo està malalt i es conforma de mirar-lo i llepar-li les mans.

-No ve a veure'm ningú -gemega.

-No et preocupis, homenet -li respon la mare, mentre li eixuga la cara entresuada-. El metge t'ha recomanat descans i que et quedis al llit.

En aquell moment sona el timbre. Qui deu ser?

14

La mare d'en Pere obre la porta. És en Josep, el mestre d'en Pere, que ve a veure el seu alumne.

-Com està el malalt?

-M'avorreixo molt!

-D'aquí a pocs dies estaràs bé, noi. Els teus amics m'han demanat que et doni aquesta carta. L'han signada tots.

En Pere obre la carta i llegeix:

«Esperem que et guareixis aviat. T'enyorem molt.»

Els ulls d'en Pere comencen a brillar. Deu ser de la febre?

La mini-fira

15

Per a pescar ànecs, fer tir al blanc, fer jocs de mans..., creus que cal anar a la fira? I ara! Quan es té una mica d'imaginació, no... Aquí t'oferim algunes idees: per a les canyes de pescar, no hi ha problema: amb un bastó o un tub pots fer un mànec. A la punta lligues un fil i un ganxo (pots fer-ho amb un clip de paper). Quant als ànecs, pots canviar-los per llaunes de refresc buides. Però alerta!, l'anella d'obrir-los ha de quedar dreta per poder pescar-los bé. També pots preparar jocs de loteria i ja tens una caseta de fira completa per a jugar.

16

T'agraden els jocs en què es llancen pilotes o anelles? Aleshores també pots improvisar altres casetes: agafa una caixa de cartó grossa i fes-hi un forat (que pot ser la boca d'un pallasso, per exemple), i ja pots començar a jugar. Has d'apuntar amb la pilota a la boca. Després col·loca unes ampolles i intenta encertar-ne el coll amb les anelles. Ja pots posar-te a treballar. Si estàs sol, tens una excusa per a convidar els teus amics. No passa cada dia que es tingui una fira a casa!

17

El despertar de la primavera

Què et sembla si anem al bosc? Els arbres encara no tenen fulles, però comencen a tenir brots verds. Mira aquella noguera: ja se li veuen botons daurats, semblen joies autèntiques! Com que fa una mica d'aire, aviat apareixerà un nuvolet de pols d'or, o sigui de pol·len. Quin tapís de flors tan bonic que hi ha a terra! Les flors tenen tanta pressa per sortir que fins i tot els arbres deixen filtrar els raigs perquè els toqui el Sol. Que bonic que està tot quan el camp comença a vestir-se de verd! A Irlanda celebren del dia de sant Patrici, i tothom es vesteix de verd.

18

Clec! Clec! Clec! Ai! Quin mal! Semblen bales de vidre blanques que reboten a les teulades i després rodolen per terra. Són els xàfecs i les calamarsades de març! Arriben tot d'una, en el moment més inesperat, i un vent glaçat se'ls enduu. Per sort només cauen durant uns minuts i amb prou feines tenen temps de cobrir els camps amb una fina capa de glaç. Però de vegades cauen amb tanta força que poden destrossar collites senceres. Als pagesos no els agraden gens. Encara sort que després d'una calamarsada acostuma a sortir el Sol. Les pedregades ens avisen que l'hivern ja s'allunya.

Sorpresa a l'estany

19

Què passa a l'estany?
La neu s'ha desfet i reneix la vida. Croac! Croac! Croac! El senyor i la senyora granota estan molt contents: salten i se submergeixen a l'aigua.
-He post milers d'ous! -exclama la senyora granota, molt orgullosa, adreçant-se al seu marit.
Sobre l'aigua flota una filera d'ous transparents.
Al centre de cada ou viu un capgròs, el fill de la granota.
-És una pena que encara siguin tan menuts; aquest any no et podran felicitar en el teu dia, però ho puc fer jo en nom d'ells; encara que no parlin, tu ja ets pare. Felicitats, pare!
I tu no et descuidis de felicitar el teu!

20

D'aquí a pocs dies, els capgrossos sortiran dels ous i nedaran com peixets.
-També podran saltar a terra -diu content el pare granota-. Tot i que abans han d'aprendre a moure's per l'aigua. La cua es convertirà en aletes i les aletes es convertiran en potes proveïdes de petits palmells. Aleshores, podran sortir de l'aigua i esdevindran veritables amfibis que estaran igual de bé a l'aigua que a terra.
Quin pare tan orgullós pensant en les seves criatures! Està tan content de ser pare!

21 La primavera

Ja ha arribat la primavera! S'han acabat els rigors de l'hivern! L'aire és més suau i el Sol ens acarona tímidament la cara. La natura sencera canvia de decorat i transforma l'abric blanc en un vestit alegre i multicolor. Els ocells es desperten després d'un llarg silenci i canten, feliços que la primavera hagi tornat. Hi haurà menjar en abundància per a tota la família, que aviat augmentarà. Les flors creixen d'un dia per l'altre. Als arbres apareixen brots que de seguida esdevindran branques noves.
-Mireu, un eriçó mandrós! Badalla tant, que sembla que la mandíbula se li hagi de desencaixar, i flaire l'aire de primavera.
-Quina hora és? -pregunta l'eriçó-. He dormit tant...

22 En Joan i la mongetera màgica

Fa molt de temps, en un país molt llunyà, un nen que es deia Joan vivia amb la seva mare al camp. Un dia, la mare va quedar-se sense diners i va demanar al fill que anés a vendre l'única vaca que tenien. Pel camí, en Joan va trobar-se un comprador, que va donar-li tres mongetes a canvi de la vaca. Quan la mare d'en Joan va saber-ho, no s'ho podia creure. Com era possible que hagués canviat la seva única riquesa per tres fesols! Però en Joan estava convençut del poder màgic de les mongetes. El nen va plantar-les davant de casa, i al cap de molt poc van brotar i es convertiren en una planta enorme que s'elevava fins al cel. En Joan, sorprès i curiós, somniava a escalar la planta.

23

Jn dia va iniciar l'ascens. Va pujar enlaire i enlaire ins als núvols. Allà va descobrir un fantàstic astell. Com que la porta era oberta, va entrar-hi. Quan va arribar al menjador, va adonar-se que hi avia un ogre menjant. L'ogre era tan lleig, que feia or mirar-lo. Quan va acabar de menjar, l'ogre va edicar-se a tenir cura d'una gallineta blanca, que stava aclofada en un coixí a prop d'ell. Era la allina dels ous d'or. Després, l'ogre va adormir-se l seu tron. Aleshores, en Joan va apoderar-se de a gallina. Què creieu que va fer?

24

Va córrer cap a la mongetera màgica. Però l'ogre va despertar-se en sentir el soroll i va córrer darrere d'ell. En Joan mai no havia corregut tan de pressa! Quan va arribar a terra ferma, va agafar una destral i començà a tallar la mongetera màgica. L'ogre va caure amb un gran terrabastall, que va fer tremolar el terra, i va morir. La gallineta blanca pon un ou cada dia, i en Joan i la seva mare estan molt contents i ja no tenen preocupacions.

Jocs de saló

25

Encara no fa sol. Els nens s'avorreixen perquè sempre han d'estar dintre de casa. Però per què avorrir-se? No sabeu el joc dels pèsols? I el de posar la cua a l'ase? És que no us en recordeu? Potser no els coneixeu... Us recordaré com s'hi juga. Per al joc dels pèsols calen deu pèsols per a cada jugador, dos plats i una canyeta de refrescos. El joc consisteix a passar molt ràpidament els pèsols d'un plat a un altre, transportant-los xuclant amb la canyeta. Està prohibit tocar els pèsols amb les mans. És un concurs d'habilitat i de velocitat. Amb una mica d'entrenament pots convertir-te en un jugador expert.

26

El joc de la cua de l'ase requereix una mica més de preparació. Primer has de dibuixar un ase en un cartó i fixar-lo a la paret. Amb una mica de llana li fas una cua. Els jugadors han de clavar amb una xinxeta la cua de l'ase al lloc que li correspon. No et pensis que és gens fàcil... S'ha de fer amb els ulls embenats! I quan tens un mocador que et tapa els ulls, és molt difícil encertar! Però s'aconsegueixen resultats sorprenents i divertits.

27 Un metge molt simpàtic

Avui no és un dia com els altres; aquesta tarda hi ha una festa de disfresses a l'escola. Però el pobre Lluís no es troba bé. Té esgarrifances, les galtes vermelles i no para d'esternudar. No n'hi ha dubte: està malalt.
-Oh, no! -exclama-. No és possible! Això no em pot passar ara! He de curar-me de seguida. Què puc fer? La mare no ha de saber-ho: m'he d'espavilar tot sol.
En Lluís ha vist a la televisió que entre els indis hi ha els bruixots, que fan pocions miraculoses i curen els malalts en un instant.
-Ho intentaré -decideix.

28

Sense fer soroll, en Lluís se'n va a la cuina. Obre els armaris i treu tot el que li sembla bo: mel, canyella, melmelada, xocolata, suc, i moltes coses més. Després barreja tots els ingredients en un bol i es beu l'estranya mescla sense respirar. Al cap d'una estona nota un mal de panxa horrorós.
-Ai, ai, ai! -crida en Lluís-. Jo em pensava que els medicaments es feien així. Mare, mare! Que vingui un metge!

29

Juguem a la xarranca

La senyora Corts ha aprofitat aquest matí deliciós de primavera per fregar la vorera, i està molt orgullosa de la feina.

-I que bé que m'ha quedat! -diu amb satisfacció-. Ara fregaré els estris que m'esperen a la cuina.

Uns minuts després, la Marta, en Lluís, la Teresa i en Xavier arriben saltant. Avui no han tingut classe i fa molt bon temps per estar-se a casa.

-I si juguem a la xarranca? -proposa la Teresa-. Tinc un tros de guix.

-I jo tinc quatre palets -diu el petit Lluís, mentre es regira les butxaques.

Les dues nenes tracen les línies a la vorera amb guix. I què fan els nens?

30

En Lluís i en Xavier es barallen pels palets.

-Qui comença? -pregunta la Marta.

En aquell moment la senyora Corts surt de casa, i es queda paralitzada. Els nens comprenen què ha passat i abaixen el cap. Què passarà ara?

-No és tan greu! -somriu la senyora Corts-. Podeu continuar jugant.

-Moltes gràcies, senyora! -responen els quatre infants-. Després netejarem la vorera.

-Molt bé, quitxalla. Això sí que és una bona idea, molt bona!

La guineu i el corb

Hi havia una vegada un corb molt orgullós. Durant molts dies havia estat vigilant el venedor de formatges: duia el cistell ple d'uns formatges boníssims de totes formes i grandàries. l senyor Corb, aprofitant un moment en què el formatger s'havia allunyat del cistell, va acostar-s'hi va endur-se el formatge que més li agradava. L'ocell va instal·lar-se dalt de tot d'un arbre. Mentre sostenia el formatge amb el bec, somniava el bon àpat que faria. Al peu de l'arbre avançava amb sigil una guineu. Havia flairat l'olor del formatge. Tenia molta gana perquè feia tres dies que no menjava res. Com que la guineu era molt múrria, va acostar-se al corb.

31

-Bon dia, senyor Corb! -va dir amb veu molt dolça-. El seu plomatge és magnífic! Però vostè no bada boca, i és una pena, perquè deu tenir una veu bella i greu.
El corb va escoltar la guineu sense respondre perquè tenia el bec ocupat amb el formatge. La guineu va continuar la conversa perquè volia que el corb parlés.
Amb més afalacs, va aconseguir que el corb es decidís a respondre: va obrir el bec i... el formatge li va caure. La guineu, que era sota l'arbre, va agafar-lo de seguida i se'n va anar a menjar-se'l en un lloc tranquil. I és que l'adulador viu còmodament d'aquell que se l'escolta.

1 Una broma

En Guillem és un nen molt bromista, però el que fa no sempre té gràcia. L'última vegada va intentar pintar de blau uns peixos vermells! Hi havia pintura per tot arreu. Encara sort que el seu pare era allà i va salvar els pobres peixets just a temps! La Isabel i la Lluïsa, les germanes d'en Guillem, tenen molts mals records de les jugades que els ha fet. Així doncs, avui, com a venjança, han decidit fer-li elles una broma. En Guillem és molt llaminer, això ho sap tothom. Li encanten els pastissos.

–Ja veuràs quina sorpresa que li donarem! –diu la Isabel, rient, a la seva germana Lluïsa–. Vine, no perdem més temps!

2

Fa més d'una hora que la Isabel i la Lluïsa estan tancades a la cuina: preparen un pastís sorpresa per al seu germà. En Guillem està impacient:

–Ja heu acabat el pastís? –crida des de la sala.

–Sí, és aquí! –responen les germanes mentre col·loquen un pastís immens sobre la taula.

Fa una cara tan bona, que en Guillem no pot resistir la temptació de tastar-lo immediatament. Agafa un ganivet, decidit a tallar-ne un bon tros. Però... què passa? Per què no es pot tallar? El pastís és... de guix. Quina sorpresa per a en Guillem!

L'Elisa va a Roma

3

L'Elisa és una campaneta que cada any per aquestes dates ha de repartir els ous de Pasqua als nens dels Països Baixos. Va sortir del seu poble abans d'ahir, però s'ha perdut.

-Perdoni, senyora oreneta, voldria anar a Roma, però no sé com arribar-hi.

-Vola cap a l'est -li explica l'ocellet-. Passa per damunt dels Alps i arribaràs a Itàlia. Després continua tot recte fins a Roma.

-Gràcies, i bon viatge! -respon l'Elisa.

La campana segueix les instruccions de l'oreneta.

«Allà hi ha unes muntanyes molt altes... Sí que són altes! Sort que no tinc vertigen. Quanta neu! I quin fred que fa! Creieu que podré arribar-hi?»

4

L'Elisa travessa les muntanyes nevades.

-Atxim! -esternuda la nostra amiga-. M'ho imaginava. Ja m'he refredat!

En passar per la vall, l'Elisa agafa una bufanda que veu penjada en una corda: «No vull agafar una pneumònia...», es diu.

Per fi arriba a Roma, on li donen el cistell carregat d'ous de xocolata.

-Fas tard -li diu el pastisser-. Afanya't a portar el cistell i alerta que no els perdis pel camí.

5

La gallina dels ous d'or

Hi havia una vegada un pagès que es queixava constantment que les seves gallines només ponien un ou al dia. Primer va intentar substituir el ranxo per un gra especial per augmentar la producció d'ous, però no va tenir èxit. Les pobres gallines feien tot el que podien per complaure'l, però ell mai no estava satisfet. Un matí, en entrar al galliner, va veure un formós ou d'or que brillava sobre la palla. Tenia una gallina que ponia ous d'or! Va agafar-la immediatament en braços, mentre es preguntava si devia estar somniant. Però no: era veritat. La gallina era de debò.

6

Va separar-la de seguida de les altres gallines ponedores i va instal·lar-la en un lloc tranquil, on es trobés còmoda. No parava de dur-li menjar perquè pongués diversos ous d'or al dia, i li demanava constantment que augmentés la producció. Cada cinc minuts l'aixecava i mirava entre la palla per si havia post un altre ou d'or. La gallina era molt pacient, però ja començava a estar-ne tipa. O sigui que un dia va prendre una sàvia decisió...

7

Com que no tenia ni un moment de tranquil·litat, va decidir fer una cosa:
«Ja n'hi ha prou –es va dir–. Ara només pondré un ou normal al dia!»
Quan el pagès va adonar-se'n, va enfadar-se molt, però la gallina no va cedir. Seguint el seu exemple, tots els animals que vivien a la granja van exigir que els tractessin bé i van amenaçar el pagès amb una vaga general. La lliçó va tenir molt bon resultat. Des d'aleshores, el pagès va tractar les gallines molt millor, va comprendre que mai no s'ha d'explotar ningú, i encara menys els més dèbils.

8 Una vida de gos

La Lola és una gosseta blanca i negra que està molt ben atesa pels seus amos. Però com que tota la família ha de marxar cada dia a la feina i a l'escola, la gosseta es queda sola. Quan fa bon temps, la Lola es passeja pel jardí. Avui plou i ha de quedar-se a la caseta si no vol agafar un refredat. Està trista: «Quan tornaran els meus amos? –es pregunta–. Si més no podré jugar amb els nens dintre de casa.»

9 Els ous de Pasqua

Quin viatge! La nostra pobra amiga Elisa, la campaneta, està esgotada, però ha arribat just a temps! Ha hagut de travessar una tempesta de neu, volar per damunt d'una serralada, atrapar al vol el cistell, que li va caure... Però per fi ha arribat, sana i estàlvia.
Durant la nit ha distribuït els ous pels jardins i, contenta, se n'ha tornat al campanar. Ha dormit com un liró.
L'endemà d'hora, el capellà ha estirat la corda, i la campaneta, amb el seu dolç toc, ha despertat tot el poble. Els nens han sortit corrents al jardí i... què han trobat?

10

Els crits dels menuts ressonen arreu:
–Gràcies, campaneta! Gràcies pels ous de xocolata!
L'Elisa, veient les cares radiants de la quitxalla, ja no es recorda del cansament ni de les dificultats del llarg viatge a Roma: les muntanyes, la neu, el vent i el fred han valgut la pena. Com li agrada veure la mainada tan contenta! Així doncs, ja ho sabeu, amics, quan veieu una campana dalt d'un campanar, somrigueu-li, que li agradarà.

11 Nius i niuades

Piu, piu, piu! Qui va i ve entre les mates? Què passa? Una tórtora salta alegre sobre l'herba buscant cuquets. Anem a veure-la de prop! Al cor d'un arbust, fora de la vista dels curiosos i protegit per les punxes, hi ha un niu fet amb branquillons i plomes. La mare tórtora s'ha espantat en veure'ns. Està covant quatre ouets amb taques roses. Però hem de marxar: no podem molestar la família durant gaire temps, perquè si la mare veu que el lloc és perillós, fugirà. I sobretot que no se us acudeixi de tocar els ous! Tornarem d'aquí a uns dies per admirar l'espectacle: quatre pollets amb el bec obert deixaran que els pares els hi posin el menjar.

12

Els nius són ben curiosos! N'hi ha de moltes menes: rodons, penjats dels arbres, excavats a terra... Sabies que la polla d'aigua construeix nius flotants? I sabies que el picot es fa la casa al tronc dels arbres?
L'oreneta fa nius de fang als desguassos de les teulades i, de vegades, s'instal·la directament dintre dels estables. Per primavera, totes les aus construeixen o arreglen els nius. Moltes espècies tornen sempre al mateix lloc a covar, de vegades fins i tot al mateix niu.

13 L'hort de l'Albert

L'avi Albert va trencar-se una cama la setmana passada, i està molt trist perquè ja no pot treballar a l'hort. Tot se li farà malbé! En Pep, la Sílvia i en Samuel estan parlant d'ell. Ens acostarem per sentir què diuen...
–M'agradaria tant poder ajudar el senyor Albert! –diu en Pep.
–És tan bo amb nosaltres! –afegeix en Samuel–. A mi va arreglar-me la bicicleta.
–Com que estem de vacances, per què no l'ajudem a desbrossar l'hort? –proposa la Sílvia.
–I no seria millor fer-li una sorpresa? –diu en Samuel.
–Quina idea tan bona! –aprova en Pep–. Som-hi?

14

Els nens es posen a treballar de seguida. Dues hores més tard la feina està acabada. Els tres amics, amb terra fins a les celles, truquen a la porta del senyor Albert, que, remugant, s'aixeca de la butaca, agafa les crosses i obre la porta.
–Tenim una sorpresa per a vostè! –diuen els nens–. Vingui a veure-ho!
L'Albert els segueix, intrigat. Quan veu l'hort, se li fa un nus a la gola. Abraça els tres nens, que riuen molt contents en veure l'Albert tan feliç.

La natura està de festa

15

Aquest mes, la natura es torna encara més bonica. Es vesteix de colors, de flors i de perfums. I si ens inspirem en ella per arreglar-nos? Mirant al nostre voltant podem trobar mil idees que ens ofereix la natura per a fer-nos vestits, joies i joguines: una faldilla amb fulles de falguera o de salze, un collaret de margarides, una polsera de lletsons, una perruca d'herba seca o una corona d'heura. Els nens prefereixen fer-se un arc per llançar sagetes amb una branca i un tros de cordill, i també una llança, amb un bastó llarg. Pocs objectes tenen tant de valor com els que fabriquem nosaltres mateixos.

16

Quan el Sol pinta les flors, també nosaltres volem alegrar-nos la cara. Hi ha moltes maneres de maquillar-se. Però mai no s'han de fer servir ni retoladors ni bolígrafs (després no hi ha manera de netejar-t'ho), ni el pintallavis de la mare, si no li hem demanat permís. Si no tens maquillatge a mà (de teatre, per exemple), pensa en la natura. Amb dues clares d'ou batudes pots fer una mascareta: aplica-la sobre la cara i després enganxa-hi fulles i pètals. Aconseguiràs una imatge molt alegre i original.

17

El gatet i el cucut

«Aquest ocellet em posa nerviós -pensa el gatet-. La propera vegada que gosi treure el bec llarg i punxegut, me'l menjo.»
Però el gat no sap un detall molt important: el cucut està tallat en fusta i només surt del niu per a cantar les hores. El temps passa i el gat continua esperant. Tic, tac, tic, tac, tic, tac, tic, tac. Tot d'una, la porta del rellotge s'obre i apareix l'ocellet:
-Cucut! Cucut! Cucut!
El moix salta i... quina catàstrofe!
El rellotge cau i s'esmicola a terra.
En comptes de menjar-se l'ocell, s'ha endut una bona patacada.

Pell d'ase

18

Hi havia una vegada un rei que estava molt trist perquè acabava de perdre la seva muller, a qui estimava moltíssim. Tenia una filla, que s'assemblava molt a la mare. Com que el rei no trobava una nova muller que fos tan bonica com la reina morta, un dia va decidir casar-se amb la filla. Però la princesa no volia casar-s'hi, i tampoc no podia oposar-se als desigs del seu pare. Per tant, va explicar les seves penes a la seva fada padrina, que va aconsellar-li que demanés al rei un meravellós vestit del color de la Lluna abans de casar-s'hi. Al cap d'uns dies, la princesa va rebre un esplèndid vestit de color lluna. Estava brodat amb fil de plata. Podria demanar un altre desig?

Sempre aconsellada per la fada padrina i desitjant endarrerir el dia de la boda amb el rei, la princesa va demanar un altre vestit, del color del Sol. Al cap de poc va arribar-li un vestit fantàstic. Estava fet amb fils d'or i resplendia tant com el Sol. Al menor moviment, el fil brillava amb mil reflexos. Milions i milions de partícules d'or guarnien el vestit. El conjunt era completat per un cinyell d'or massís. Aleshores, la princesa, desesperada, va demanar al seu pare la pell de l'ase que produïa cada matí mil peces d'or. Però lamentablement el pare no va dubtar i l'endemà la princesa va rebre la pell que demanava. Tanmateix, ella mai no es casaria amb el rei. Què faria?

19

La princesa va vestir-se amb la pell de l'ase i va marxar de palau. Després de caminar molt, va trobar feina de serventa en un hostal. Un dia, un príncep va veure la serventa Pell d'Ase i es fixà en les seves mans, fines i boniques. Durant la nit, el príncep va descobrir la noia sense la pell d'ase. Va trobar-la tan bonica, que al cap de molt poc va demanar-li que s'hi casés. Ella va dir que sí, i aleshores el príncep va anar al palau reial i va demanar al rei la mà de la seva filla. Aquest va estar tan content, que va fer una festa esplèndida per celebrar les noces.

20

21

Una capsa de sorpreses

Com cada dia, la Irene surt de casa per anar a mirar si hi ha res a la bústia. Però aquest matí hi troba una sorpresa. Entre els sobres ha notat alguna cosa estranya.
–Caram! –exclama–. D'on han sortit aquests cinc ouets? No n'hi ha dubte: els deu haver deixat la mare ocell pensant que és un lloc ideal per a fer un niu. Quina idea tan bona que ha tingut!
«Però ara què faig? Si es queden aquí, moriran esclafats per les cartes i, per altra banda, com els trec? Si han triat aquest lloc, deu ser perquè no n'hi ha cap altre que li agradi per aquí.»
Pensant i pensant, la Irene troba una solució...

22

Al cobert del fons del jardí hi ha una caixa vella, fustes i eines.
–No em cal res més per a fer una bústia –diu la Irene–. Amb això ja farem mentre neixen els pollets i aprenen a volar.
La Irene, que és una nena molt previsora, té la precaució de travar la porta de la primera bústia deixant lliure l'obertura per als ocells. A més, enganxa un rètol a la bústia vella: «Alerta, senyor carter! Això és la casa dels ocells. Bústia temporalment fora de servei.»

23 Orenetes per sant Jordi

Ja han tornat les orenetes! Són les missatgeres de la primavera. Les he vistes aquest matí amb el llom de color blau metàl·lic i el pit blanc. Les orenetes tornen al niu que van abandonar la tardor passada, que construeixen amb fang sec. Són molt valentes: vénen d'Àfrica i travessen el mar. Són unes heroïnes, igual que sant Jordi.
Avui celebrem el dia de la rosa i del llibre; el pare ha comprat una rosa per a la mare, i la mare ha comprat un llibre per al pare. A mi m'han deixat triar el llibre que volia, i també m'han regalat una rosa. Quina celebració tan bonica!

Puput i Cucut 24

Puput! Cucut!
El puput i el cucut són dos ocells diferents. El puput és de color bru, amb ratlles negres i blanques o grogues, i té una cresta característica, com la que veus a la il·lustració. Menja insectes i fa el niu en forats d'arbres, de paret seca o en cases enrunades. El seu cant és molt fàcil d'identificar, ja que fa «pu-put-pu-put».
El cucut té les plomes de la gorja i les de les parts superiors d'un color gris blau, les inferiors són blanquinoses amb ones de color gris fosc; i la cua, llarga i arrodonida, és grisenca, tacada de blanc. El cucut no té cresta. Sabíeu que no fa nius? Prefereix pondre els ous als nius d'altres ocells. Molt espavilat!

Jardineria

25

-És el moment de preparar l'hort -anuncia el pare-. La terra s'ha estovat i podrem llaurar.
En Dídac ajuda el seu pare a preparar les eines: l'aixada serveix per a cavar la terra; el rascle per a treure pedres i allisar. Un cop acabada aquesta tasca, cal plantar les llavors.
-Què t'agrada, Dídac?
-M'agraden els pèsols i les pastanagues -respon el noi.
-Molt bé, però també plantarem enciams i patates -afegeix el pare-. I ara anem al planter...
En Dídac i el seu pare planten les verdures, hortalisses i llegums que han comprat.

26

Primer fan solcs regulars a terra, planten les llavors i trasplanten els enciams i les patateres. El pare d'en Dídac li parla de les diferents verdures:
-N'hi ha que neixen sota terra i d'altres que creixen a fora. Les patates i les pastanagues, que tant t'agraden, són arrels. Els pèsols, en canvi, són fruits.
-Quan podrem fer una sopa?
-pregunta en Dídac, impacient.

27 Riure i enganxar

Aquí tenim una manera molt senzilla i divertida d'estar ocupats durant el mes d'abril, quan cada gota en val mil.

Necessitaràs paper, cola, tisores, i algunes revistes i fulletons. No et descuidis de demanar permís abans. Amb aquest material pots fer *collages* molt originals. Consisteix a col·locar junts diferents elements retallats que «normalment» no tenen relació. Gràcies al *collage* es pot col·locar una vaca en una palmera o un camell en una muntanya. Un cavall pot tenir cap de lleó, o un lleó cap de nen...

28

Hi ha moltes maneres de decorar un *collage*, utilitzant diferents elements. Així, per a fer un marc molt bonic i personal pots fer servir escuradents, tela, arròs, puntes de coixí, botons i fins i tot bocins d'espagueti. Si vols conservar el teu *collage* molt de temps, has de posar-lo en un suport rígid. Com més carregada estigui la imatge, més dur haurà de ser el suport. Ara et toca jugar a tu, amb art, audàcia i... sentit de l'humor!

29

La llebre i la tortuga

Hi havia una vegada una llebre molt jove que vivia al camp. Era molt bonica i àgil, però menyspreava tots aquells a qui la natura no havia dotat de tantes coses bones com a ella. Es divertia burlant-se dels altres, i les seves paraules de vegades eren molt ofensives. Tenia el costum d'atacar una tortugueta.
–No ets gens elegant –li deia–. Mira quines potes tan curtes, quin cap tan petit, i que a poc a poc camines.
Un dia la tortuga va afartar-se'n i va dir-li:
–Tu et penses que corres molt de pressa amb les teves llargues potes, però les meves, encara que siguin curtes, també em fan anar molt de pressa.
–Sí... segur –va contestar la llebre.

30

–Fem una cursa! Vols?
–D'acord –va respondre la llebre, posant-se a riure.
Van nomenar àrbitre la guineu, i la cursa va començar.
La tortugueta no va perdre temps i va dedicar-se a caminar el més de pressa que li permetien les potes. La llebre, menyspreant la seva adversària, va seure a descansar. «Tinc tot el temps del món per arribar la primera», va pensar, i va quedar-se adormida sobre l'herba.
Quan va despertar-se, però, la tortugueta ja havia passat la línia d'arribada.

1

El dia del treballador

El dia 1 de maig se celebra el dia del treballador, i no es treballa! La gent surt al carrer a celebrar-ho i molts marxen a fora.

–En aquesta època ja ha florit el lliri de maig –diu la Coloma–. Jo sé on podem trobar-ne...

–On? –pregunta l'Arnau.

–Al bosc del pare Mateu, amagat entre les roques. Anem a collir-ne! Després el vendrem per comprar llaminadures.

–Quina idea tan bona –diuen els seus dos germans alhora–. Som-hi!

Els nostres tres amics s'encaminen al bosc i de seguida arriben al lloc que la Coloma ha descobert. Sense entretenir-se comencen a tallar les floretes amb les llargues fulles verdes i brillants. Quan tornen, van de porta en porta venent-les. Al cap d'una hora ja les han venudes totes i han guanyat uns quants diners. Aleshores, l'Arnau, en Xavier i la Coloma se'n van a la botiga i contemplen les llaminadures dels prestatges.

–Meravelloses! –exclama l'Arnau.

–Però com diu el mestre, són plenes de colorants –afegeix en Xavier.

–Sí, és cert –sospira la Coloma–. El que podem fer és comprar-nos un monopatí entre tots tres, i així en gaudirem tot l'estiu.

–No és pas tan mala idea! –diu l'Arnau, que, tot i que és molt llaminer, també li agrada molt fer esport.

2 Els trèvols de quatre fulles

El petit Fèlix ha sentit dir que els trèvols de quatre fulles porten bona sort. Per això el nen es dedica a buscar-ne sense descans pels prats que hi ha a prop d'on viu.
-Què fas, Fèlix? -li pregunta una vaca vella.
-Busco trèvols de quatre fulles. Porten bona sort!
-Saps una cosa? Jo me n'he menjat molts i mai no m'han portat bona sort. En comptes de perdre el temps ficant el nas entre l'herba, valdria més que ajudessis la mare en la feina de la masia. La faries molt més feliç.
En Fèlix va reflexionar durant uns instants; després va seguir el consell de la vaca... i mai no se'n va penedir.

Els tres porquets 3

En un lloc molt llunyà vivien tres porquets. Cadascun d'ells s'havia construït una caseta. El petit se l'havia fet de palla, i no era pas gaire sòlida, però l'havia acabada de seguida i com que no li agradava treballar... La casa del mitjà era de fusta, força més sòlida; però com que també era molt mandrós, s'havia conformat a enganxar els taulons en comptes de clavar-los a consciència. El més gran de tots vivia en una caseta feta amb maons. Havia trigat molts dies a construir-la: les parets eren gruixudes i sòlides, les finestres tancaven molt bé i la porta d'entrada estava perfectament assegurada. La casa de maons era molt resistent. Els dos porquets petits es burlaven del gran.

4

–Tu no penses mai a divertir-te? –li deien–. Nosaltres cantem i ballem tot el dia: és molt més divertit que treballar.
Un dia va arribar un llop. Els tres porquets van anar a amagar-se cadascú a casa seva. El llop va acostar-se primer a la de palla i va començar a bufar amb molta força: les parets van volar. El porquet petit va fugir corrent per demanar asil a la casa de fusta. Què creieu que devia passar amb la casa de fusta?

5

Doncs va passar el mateix que amb la de palla. El llop s'hi va acostar; els dos porquets estaven molt espantats. El llop va començar a bufar i també va esfondrar-se. Els porquets van aconseguir de fugir i es van refugiar a la casa de maons. El llop també va atacar-la, però tot va ser inútil. La casa va resistir perfectament i el llop va haver de marxar amb les potes buides. Els dos porquets més petits van reconèixer que havien comès un error. Van tornar a refer casa seva, però aquesta vegada van seguir les passes del germà gran. I el llop no va tornar a aparèixer mai més.

6 D'eruga a papallona

Has vist aquesta flor tan bonica, que a més sap volar? No és una flor, és una papallona! Fa uns mesos, la papallona encara era una eruga: un animal petit i estrany cobert de pèls. Per evitar congelar-se, l'eruga va transformar-se en crisàlide i va passar tot l'hivern penjada de la branca d'un arbre. Ara que ha tornat el bon temps, la papallona ha decidit desplegar les ales i sortir de l'embolcall. Veus com s'alimenta del nèctar de les flors? A més, la mare papallona aprofitarà l'ocasió per pondre els ous entre les fulles de les ortigues. Els ous es transformaran en erugues, després en crisàlides... i un altre cop en papallones.

7

I si anéssim a caçar papallones? Per a això et cal una xarxa en un bastó i un pot de vidre amb la boca ampla, que cobriràs amb una tapa amb forats. Acosta't a poc a poc a una flor sobre la qual s'hagi aturat una papallona i zam! S'ha escapat. És que és molt difícil.

La papallona és molt esquerpa. Si arribes a atrapar-la, contempla les seves magnífiques ales. Però alerta! No les toquis. Es quedarien sense la pols que els permet de volar. A més, has de deixar-la anar el més aviat possible, perquè necessiten llibertat i espai.

8

El dia de la mare

Cada any el mes de maig se celebra el dia de la mare. El pare, la Rosa i la Carme han fet un regal a la mare, i l'han abraçat de tot cor.

Però la Clara no té res per donar-li: ahir es va gastar tots els estalvis en llaminadures!

Sense dir res, la Clara surt de casa pensant en la manera de resoldre el problema. Les seves passes la duen al camp. Les vaques pasturen pausadament; el pastor i els gossos duen les ovelles cap als prats.

–Tinc una idea! –exclama la Clara, tot d'una–. Colliré un pom de flors silvestres per a la mare.

Uns minuts més tard, la Clara va a buscar la mare a la cuina, amb les mans amagades a l'esquena, els ulls abaixats i el cor que li bat amb força. I li diu:

–Ahir em vaig gastar la paga en llaminadures. Ja no recordava que avui era el teu dia...

Aleshores s'acosta a la mare i li allarga el bonic pom de flors que ha collit.

–T'estimo molt, mare –diu la nena amb veu molt dolça.

–Més que a la xocolata?

–I tant! –somriu la Clara, i abraça molt fort la seva mare.

–Doncs així et perdono, cap de pardals –diu la mare, feliç.

Piu-piu, l'ocellet

9

El Piu-piu era un ocellet que vivia al bosc. Un dia va trobar-se una gavina presumida, que li va dir:
-Quina vida tan trista la teva, Piu-piu! Mira que passar-te la vida volant d'arbre en arbre, sense veure mai res més! Jo com a mínim conec el mar i els grans espais...
«És veritat -va pensar en Piu-piu, sospirant-. Em sap greu que el pare i la mare no hi estiguin d'acord, però he de marxar d'aquí i conèixer altres mons. Ja no puc suportar més aquesta vida tan monòtona!»
Dit i fet. Content amb la seva decisió, el Piu-piu va remuntar el vol i va seguir el rierol i després el riu fins arribar al mar.
-Quina meravella! -va dir fascinat, oblidant la fatiga del viatge.

10

Els primers moments que el Piu-piu va passar al mar van ser fantàstics. Li semblava que tot era més bonic que al camp. Però quan, cansat, va intentar aturar-se i buscar menjar, van començar els problemes. Seguint els consells de la gavina, va aturar-se primer al pal d'un vaixell.
-Quin horror! -deia-. Al bosc els arbres no es belluguen tant.
Després va voler tastar el peix.
-Ecs! -va exclamar amb repugnància-. Mai no podria menjar-me'l!
I va adonar-se que a casa seva no s'hi estava pas tan malament.

El joc de pales

11

Els avis d'en Pau han tornat de vacances i li han portat un regal: un joc de pales. En Pau està molt content i vol anar de seguida a ensenyar-ho als seus amics.
Així doncs, agafa i se'n va al parc, on juguen els nens del barri.
-Mireu -diu amb orgull-, els meus avis m'han dut un joc de pales.
-Quina sort! -respon en Joan.
-Juguem? -pregunta en Ferran.
-Ah, no -contesta en Pau, eixut-. És un regal per a mi. Només podeu mirar...
Aleshores posa el paquet a terra, el desembolica, treu una de les raquetes i comença a donar cops a la pilota.

12

Els espectadors s'avorrien.
D'un en un van anar marxant, fins que en Pau va quedar-se sol. Aleshores va adonar-se del seu error, va acostar-se als companys i els va proposar un torneig:
-Som vuit: el número perfecte per a quarts de final.
-D'acord -va acceptar el petit Pere.
-A veure qui comença! Sortegem-ho! -va afegir en Sergi.
-Hem de fer lloc! -va cridar en Robert.
Els jugadors són a punt de sortir al camp. Quin ambient! Sembla un torneig oficial!

13 La màgia del panís

Aquí tenim una recepta que està en consonància amb la imatge del mes de maig, quan tota la natura s'obre i s'expandeix. Es tracta de les crispetes. Per a fer-ne només cal oli, grans de panís i una mica de sal. Aboca l'oli en una paella, espera que s'escalfi i tira-hi els grans de panís. Com per art de màgia veuràs que, sota els efectes de l'escalfor, els grans de panís es transformen, s'espongen i... salten!
Per evitar que volin per tota la cuina, cal tapar la paella amb una tapadora mentre esclata el panís. Quan ja hagin esclatat tots els grans, afegeix-hi una mica de sal. També pots fer-les amb mantega o, en comptes de sal, sucre perquè siguin dolces... També es poden fer crispetes de colors!

14

Les crispetes no tan sols són delicioses, sinó també molt decoratives. Agafa una canyeta verda. Enganxa-hi les crispetes més blanques. Amb una mica de paper, forma i retalla dues fulles i enganxa-les a la base de la canyeta. Oi que s'assembla a una branca de lliri de maig?
També pots pintar les crispetes de rosa amb una mica de colorant vegetal. Aconseguiràs un efecte preciós si després les col·loques sobre les punxes d'un esbarzer. Només cal una safata amb terra per fer un jardí on plantar-les.

Flors de la bona sort

15

Avui fa un dia preciós. L'Anna, la Maria i en Lluís ja han tornat de l'escola i han fet tots els deures.
-Podem sortir al camp, mare? -diuen tots tres alhora.
-I tant que sí! Fa un dia preciós. És una pena que no pugui venir amb vosaltres, tinc tanta feina!
-Anem al bosc! -diu l'Anna-. Segur que trobarem alguna cosa divertida.
Davant del bosc hi ha un prat immens, cobert de tota mena de flors silvestres. Que boniques que són!
-Com que la mare no ha pogut venir, podem fer-li un enorme pom de flors silvestres. Així no li sabrà tant de greu no haver vingut -diu la Maria.
-Quina idea més bona! -confirmen els germans.
El mes de maig és ideal per a fer meravellosos poms de flors silvestres. Cull·les per la part més baixa de la tija, amb compte de no fer malbé les arrels, però prou llargues perquè després les puguis posar en un got ple d'aigua. També pots intentar conrear-ne alguna a casa. Per exemple, una prímula: aixeca amb una cullera grossa el terròs que envolta l'arrel de la flor. Posa-la en un test ple de terra fins a la meitat i després cobreix-ho amb una mica més de terra. Col·loca el test en un lloc on li toqui una mica el Sol, i rega'l.

16 Pescant

Quantes coses passen a l'estany! Quin moviment! És el punt de reunió de tots els animals. Se senten els ocells que piulen per tots els racons. Les llebres i els conills vénen a rentar-se una mica, mentre els cabirols s'apropen per beure aigua. Les granotes salten de nenúfar en nenúfar, raucant. Els peixos salten sobre l'aigua i atrapen mosques i mosquits. Però,. alerta! Un agró es prepara per a fer la seva pesca espectacular. Amb el llarg bec amagat entre les ales, és capaç de romandre immòbil durant hores mentre espera que un peixet surti del seu refugi i aleshores xap! El pesca i se l'empassa.

17

–Anem a pescar –diu l'avi a en Jaume.

–Visca! Pescarem unes truites delicioses...

–Calma, noi! Aprèn que la primera qualitat del pescador és la paciència.

L'avi col·loca els ormeigs a la vora del riu. Després fixa bé el cuc blanc a la punta de l'ham i el llança amb totes les seves forces. Al cap d'uns minuts, un peix ha mossegat l'esquer. L'avi caragola el rodet i comença a recollir el fil. Està emocionat. Què deu ser?

–Una truita! –exclama, feliç.

18

L'arc de Sant Martí

Caram, ara plou! Fa cinc minuts el cel era net. Però ara el Sol ha desaparegut: juga a fet i amagar entre els núvols. Mira'l, ja torna a sortir, tan alegre. Mira quins colors tan bonics a l'horitzó! És l'arc de Sant Martí. Quan acaba de ploure, els raigs de sol es reflecteixen i refracten sobre les gotetes d'aigua que queden suspeses a l'atmosfera, i formen un arc de set colors. Recorda el nom d'aquests set colors i pinta'ls en un full de paper: vermell, taronja, groc, verd, blau, indi i morat. Aquest conjunt de colors s'anomena l'espectre solar. Quan s'uneixen tots els colors, es forma el blanc. Tu mateix pots aconseguir que aparegui un arc de Sant Martí...

19

Hi ha diverses formes de fer-ho. Agafa un mirallet i submergeix-lo parcialment en un got d'aigua. Orienta'l de manera que la llum del sol caigui exactament sobre el mirallet. Ara, col·loca un full de paper blanc sota el reflex de la llum i... veuràs els set colors de l'arc de Sant Martí. També pots preparar un got amb aigua i detergent de plats. Agafa una canyeta i fes bombolles amb aquesta aigua. T'has adonat que en cadascuna apareix clarament l'espectre de colors? És molt divertit! Quants arcs de Sant Martí pots fer alhora?

Els nenúfars

20

A la Júlia li agradaria regalar nenúfars a la seva padrina.
Nenúfars? Quina idea tan estranya, deveu pensar...
Però és que a la nena sempre li han agradat aquelles plantes tan boniques que suren pacíficament a la superfície a l'aigua. Per això, malgrat que els seus pares li ho han prohibit, la Júlia ha anat a agafar-ne. Amb l'ajut d'una branca llarga, la nostra amiga intenta acostar-se les flors. Però com que el marge rellisca molt, es produeix la gran catàstrofe: xap! La Júlia ha caigut de cap a l'aigua. Encara sort que sap nedar molt bé! Però això no impedeix que la roba quedi xopa i plena de llot. Per fi pot sortir, però ja no li queden ganes de tornar a provar-ho.

21

La Júlia torna a casa amb el cap cot i intenta explicar a la seva mare l'aventura que ha viscut:
–Jo només volia collir uns nenúfars per a la padrina, i...
Però la seva mare no escolta les explicacions de la nena desobedient i la renya. Prepara de seguida un bany calent per evitar que agafi un refredat i li fa una tassa de llet ben calentona amb molta mel.
«La propera vegada –pensa la Júlia–, em conformaré a agafar clavells o margarides.»

Berenar al camp

22

Quin dia tan bo! Fa un dia esplèndid per anar a berenar al camp. En Pere, l'Anna i la Isabel han decidit berenar al bosc.
-Jo duré brioixos -diu l'Anna.
-Doncs jo, una ampolla de llet -diu la Isabel.
-Proposo que també ens enduguem fruita -diu en Pere-. Me n'encarrego jo.
Tots tres marxen amb el berenar en un cistell.
Abans d'arribar al bosc travessen un prat enorme on unes ovelles acaben de parir els seus xaiets.
-Que graciosos que són! -diu la Isabel-. Sembla que tenen gana.
-I si els donéssim uns bocins de brioix? -suggereix l'Anna.
Quin plaer veure com assaboreixen el deliciós berenar!

23

Una mica més enllà, uns ocellets es barallen per un tros de poma. Sense dubtar-ho, en Pere treu la fruita del cistell i en dóna als ocellets mentre diu:
-Ara ja no us barallareu.
A prop del bosc, una darrera trobada fa que el grup s'aturi:
-Oh, un gatet abandonat! No podem deixar-lo així. Té set. Podem donar-li la llet que ens queda, i així tindrem el cistell buit per dur el gatet a casa.
Tornarem amb la panxa buida, però amb el cor ple d'amics.

Els núvols

24

En Jordi contempla el cel: és ple de núvols. Un núvol està format per moltes gotes minúscules d'aigua suspeses a l'aire. Aquestes gotes provenen de l'evaporació de l'aigua del mar, dels boscos i dels camps. Quan aquestes gotetes són molt abundants, cauen amb més o menys força. Aleshores plovisqueja o plou. I quan hi ha boira, saps que estàs caminant pel cor d'un núvol? Fixa't en els núvols: si veus grups de núvols enormes amb la base fosca i la part superior en forma d'enclusa, és que plourà. Recorda també la dita «al cel cabretes i a la terra pastetes»: plourà!

Cursa d'obstacles

25

En el mes de maig, per aprofitar l'oportunitat de ser a l'aire lliure i gaudir del bon temps, convé fer una mica d'exercici. Però què es pot fer quan no hi ha cap lloc adequat a prop de casa? Doncs bé, sempre hi ha maneres d'improvisar-ho. Per exemple, una cursa d'obstacles. Aquí t'oferim uns suggeriments que t'animaran a saltar o a escalar... amb alegria. Per què no imaginar que has de travessar un riu saltant de marge a marge, simulats amb unes cordes situades en paral·lel a terra? Enfilar-te per damunt d'una cadira i d'una escala posada de costat també és un exercici excel·lent...

26

També pots passar per un gual amb diaris separats entre si i sense posar els peus a terra.

O fer salts d'alçada amb una corda posada entre dues cadires. També pots traçar un circuit i caminar-hi amb un objecte col·locat sobre el cap... Val més que no sigui de vidre, podria trencar-se! Pots llançar un projectil (pinyes de pi, per exemple) a una diana o intentar que entri en un contenidor, o que caigui dins d'un marc traçat a terra. Intenta-ho!

L'agró

27

Un agró, caminant sobre les llargues potes, va marxar un dia sense rumb fix. Va caminar per tot el marge del riu. Feia un dia preciós. Pel riu va veure passar una carpa i després un lluç de riu. L'agró hauria pogut atrapar-los sense dificultat, però va pensar que era millor esperar a tenir una mica més de gana. Després va trobar-se uns salmons. Però no eren el seu plat preferit, i va decidir esperar que passés alguna cosa millor. Per què havia de molestar-se a pescar-los?

28

Després va trobar-se unes tenques. Aquesta vegada va mostrar-se desdenyosa:

-Menjar tenques, jo? Per qui em prenen? No és menjar per a un agró.

Però va transcórrer el dia sense que veiés cap altre peix. L'agró va començar a tenir gana. Va caminar camp a través cercant una mica de menjar, penedit d'haver estat tan primmirat quan podia triar. Al cap d'una llarga caminada va trobar-se un rosegó de pa sec, i va posar-se molt content. No hem de ser massa ambiciosos!

29 La pastora d'oques

Al jove príncep Alexandre li agradava molt passejar sol pel bosc. Un bon dia va trobar-se una velleta que era asseguda en una pedra. Als peus tenia dos cistells plens de fruita, i pesaven molt per a ella.

-Estic molt cansada -va dir l'anciana al príncep-. Podries portar-me a collibè fins a casa meva?

El noi va fer el que la velleta li demanava, i així van arribar a la casa.

30

\ la casa, una noia, més aviat
letja, tenia cura de les oques.
_a velleta va agrair al príncep
a seva bondat i va demanar-li
que acceptés una perla.
-Et portarà molta sort -va dir amb
aire misteriós.
Quan el príncep va tornar a palau, va mostrar la
perla a la reina. Aquesta, en veure-la, va començar
a plorar en adonar-se que es tractava de la joia
que havia donat a la seva filla petita, que havia
desaparegut misteriosament feia molts anys.
Mentrestant, la velleta revelava a la noia un estrany
secret...

31

-Per la seva generositat, el príncep t'ha alliberat d'un encanteri -va dir-li-. Vés a mirar-te a l'aigua de la font i recuperaràs la bellesa de la cara.

Després, va demanar-li que es posés un vestit preciós que tenia desat. A palau, el rei i la reina van decidir anar a casa de la velleta. Pel camí, van explicar al príncep que havien perdut la seva filla petita quan passejaven pel bosc. En arribar a la casa, la princesa els esperava a la porta. Quina trobada tan feliç! La família unida un altre cop!

1 Rínxols d'Or i els tres ossets

Hi havia una vegada una nena que tenia els cabells molt bonics, rossos i molt arrissats. Per això tothom l'anomenava Rínxols d'Or. El que més li agradava era passejar sola pel bosc que tenia al costat de casa. Els seus pares li recomanaven molt que no sortís mai sola i, sobretot, que no marxés sense permís. Però la Rínxols d'Or sempre feia el que volia.

Un dia va arribar a una explanada del bosc i allà va descobrir una caseta encisadora. La nena estava molt cansada i no va veure ningú pel voltant. La porta era oberta; així doncs, va entrar sense preocupar-se de res. Tot estava molt net. El primer que va veure van ser tres butaques: una de petita, una de mitjana i una de grossa.

2

Va anar cap a la cuina. Dels tres plats posats a taula sortia una olor molt bona de sèmola acabada de preparar: hi havia un plat petit, un de mitjà i un de gros.

-Mmmmm! -va fer la Rínxols d'Or-. És el meu plat preferit.

I sense pensar-ho dues vegades va posar-se a menjar. Després va continuar la seva visita: va pujar al pis de dalt i va veure una habitació molt gran amb tres llits: un de petit, un de mitjà i un de gros. Tot d'una tenia tanta son, que va ficar-se al llit més petit. Quan es va despertar estava envoltada per una família d'óssos, que la miraven astorats.

3

Els tres óssos estaven tan sorpresos com ella. Per fi, la Rínxols d'Or va adonar-se de la seva imprudència i va posar-se a plorar. Però la mare óssa va inclinar-se cap a ella i amb veu molt dolça va explicar-li que vivien allà i que tots tres havien sortit a fer un volt pel bosc. L'acompanyarien fins a casa, on els seus pares la devien estar esperant molt amoïnats. La nena va eixugar-se les llàgrimes i, acompanyada pels óssos, va arribar de seguida a casa. Des d'aleshores, és la millor amiga dels ossets.

4 Una partida de cartes

L'oncle Juli juga a cartes amb els seus nebots i nebodes.
-Qui guanyi tindrà un premi fabulós –els anuncia.
-Què és? –pregunta la Núria.
-Una medalla. Aquesta!
Tots els nens van quedar bocabadats davant la peça de metall daurat que brilla com el Sol. Que bonica!
-Que guanyi el millor! -diu en Manel tot remenant les cartes-. Comença la partida.

5

Els jugadors estan molt contents. L'oncle Juli anota tots els punts de cada mà, i després els suma al final de la partida. En Roland és el guanyador i rep el seu premi. Els altres jugadors s'enfaden, excepte l'Anna. Aleshores l'oncle Juli diu:
-Anna, aquí tens el teu regal -i li ofereix una taronja preciosa.
-Però ella no ha guanyat -remuga la Cèlia.
-No, però a diferència dels altres, l'Anna ha perdut amb un somriure -respon l'oncle Juli-. I això, en la meva humil opinió, també és guanyar una miqueta.

6 La parada de flors

Quines flors tan boniques! Com que són molt boniques, sovint intentem imitar-les. A la platja, la Roser i en Carles van inventar-se un joc molt original. Van omplir la platja de flors de paper, i les «venien» als altres nens a canvi de petxines i cargols. Va ser un dia molt divertit per a tots. A més, s'havien passat el dia sencer fent flors de paper. Quin entreteniment! I tu, saps com es fan les flors de paper?

7

Per a fer flors de paper calen unes tisores, filferro molt prim, paper crepè de colors diferents i uns bastonets molt prims. Primer es tallen els pètals en llargues cintes de paper de color. Després es caragola cada cinta sobre si mateixa. S'uneixen els pètals formant una flor. La flor es fixa a la tija amb el filferro i es cobreix la tija amb paper crepè verd. Segons es tallin els pètals, i depenent dels colors que s'escullin per a la flor, es poden fer roses, clavells, lliris d'aigua, crisantems... infinitat de flors. Au! Anima't tu ara!

Et fan por els rèptils?

8

Aquí tenim un animal molt simpàtic. És la sargantana, i li agrada escalfar-se al sol sobre les pedres. Si fa fred, s'endormisca, però si fa calor, se sent plena de vida. Has intentat agafar-ne cap? La sargantana és ràpida com el llampec. A més, posseeix un mitjà de defensa molt eficaç: si l'agafes per la cua, tu et quedes amb la cua a la mà i un pam de nas, i ella fuig corrents!

9

Per què tenim por de les serps? Probablement perquè no en sabem res. S'han d'observar amb cura i potser així ens faran menys por. Les més comunes són la colobra i l'escurçó. És molt important distingir-les: la colobra no és verinosa, mentre que l'escurçó sí que n'és. El cap de la colobra és ovalat. La colobra xiula, l'escurçó no; a més, neda i s'enfila als arbres, mentre que l'escurçó només s'arrossega per terra.

Les maduixetes de bosc

10

–On vas, Carlota? –li pregunta la mare.
–Vaig a collir maduixetes de bosc –respon la nena–. M'he trobat un cistell al soterrani.
La Carlota surt de casa molt contenta amb la intenció d'agafar una bona collita de la seva fruita preferida. No cal gaire temps per omplir el cistell: ha trobat un lloc on creixen moltes maduixetes de bosc. Que bones que són! Tot va molt bé, però...

11

La Carlota no s'ha adonat, en agafar el cistell, que hi havia un convidat: un ratolí de camp que s'hi havia quedat adormit. Després de la becaina, al ratolí li han vingut ganes de menjar alguna cosa. Ai! Sembla que li han llegit el pensament! Mentre la Carlota va omplint el cistell de maduixetes, el ratolí es va omplint la panxa. La nena no el veu. Però quan arriba l'hora de tornar i aixeca el cistell de terra, s'adona que no pesa gens.
–Hauries d'haver compartit el banquet amb mi, pillet! –li diu la Carlota.

L'aniversari del pare

12

Aquest any en Gonçal s'ha recordat del dia de l'aniversari del seu pare. Està molt content, perquè sap que el seu pare no s'ho espera. Tot i que en Gonçal no espera aquell dia per a dir-li que l'estima molt, vol preparar-li una cosa especial. Mentre li embolica el regal, pensa:
«El pare és com el meu germà gran: li explico les meves penes i les meves alegries, i també els meus somnis. Quan tinc por, m'abraço a ell i em tranquil·litza; si ploro, em consola.»

13 Segueix la pista

Si hi ha un mes ideal per a seguir petjades, és el mes de juny. El joc és una cosa així com la història d'en Polzet. Es tracta de trobar un camí gràcies als senyals que d'altres han col·locat abans. Un grup de jugadors surt primer per situar les pistes. Poden fer-se en forma de fletxa, amb trossos de llana o de diari..., amb qualsevol cosa. Es posen en llocs clau, per indicar el camí als altres. El segon grup ha d'intentar seguir les pistes i atrapar els que les han posades sense descuidar-se de recollir els senyals. Això per si sol ja és molt diverti i es pot complicar encara més.

14

Al llarg del joc de seguir les pistes poden deixar-se missatges que obliguin a realitzar determinades proves. Per exemple, portar una branca de noguera, fer equilibris sobre un tronc, trobar un tresor amagat pel voltant, etc. És particularment emocionant acabar el joc amb un concurs entre els dos grups, com pot ser jugar a fet i amagar. També es pot transformar el joc en una aventura triant un tema: Robin Hood, indis i vaquers... És tan divertit somniar una mica!

Les groselles

15

Després d'acabar els deures, la Maria i la Sílvia se'n van a passejar pels prats. Un dia descobreixen quatre mates de groselles enganxades al mur d'una antiga masia. Els ramells de fruita maduren al sol.
-Quina bona cara que fan! -diu la Sílvia, famolenca.
-Les tastem? —proposa la Maria.
Les nenes s'acosten, estenen els braços, arrenquen uns quants fruits i els tasten.
-Estan delicioses! —afirma la Sílvia.
Les nostres amigues es fan un fart de groselles i no recorden el consell de la mare: la fruita silvestre és molt forta i se n'ha de menjar poca quantitat.

16

-Ja és hora de tornar a casa. La mare i el pare ens deuen estar esperant per a sopar -diu la Maria.
Un cop a casa, comencen a tenir molt mal de panxa.
-Què us passa? -pregunten els seus pares.
Les nenes confessen la trapelleria:
-Hem menjat massa groselles. Estaven tan bones que no ens n'hem adonat.
-Bé, això us servirà perquè la propera vegada recordeu el nostre consell -diu el pare-. Em sembla que avui val més que us prengueu una tassa de camamilla en comptes de sopar.

La sega del fenc

17

En Joan, el pagès, té feina per estona. Fa quinze dies que no plou, i ha decidit recollir el fenc dels camps.

–L'herba està molt alta –diu en Joan–. És el moment de segar-la.

Prepara el tractor i hi enganxa una segadora. En Sergi l'observa, molt atent.

–Què faràs amb tota aquesta herba que fa tan bona olor? –li pregunta, mentre puja a la bicicleta i segueix la conversa amb el pagès.

–Aquesta herba és molt bona per al bestiar –li respon en Joan–. Quan s'hagi assecat, faré bales i les desaré a la pallissa. Així les meves vaques tindran reserves de menjar per a l'hivern. Si vols, pots ajudar-me a dur les bales demà passat...

18

En Sergi acudeix a la cita que té amb el seu amic, el pagès. En Joan, al voltant del tractor, rascla el camp. De la màquina surten unes boniques bales de fenc, sòlidament lligades.

–Agafa una forca –diu a en Sergi– i posa les bales al remolc. Després anirem a posar-les a la pallissa.

–Com pesen! –diu en Sergi.

–En temps del meu avi –li explica en Joan–, tota la feina es feia a mà... o sigui que no et desanimis, menut!

La lletera i el càntir de llet

19

L'Alícia, una jove pagesa, anava cap a la ciutat. Feia molt bon temps. Anava a vendre llet i caminava molt dreta amb un càntir col·locat sobre el coixinet que duia al cap. Mentre caminava, pensava en tots els diners que la venda de la llet li proporcionaria. Podria comprar un centenar d'ous, fer-los covar i tenir gallines que, al seu torn, es convertirien en gallines ponedores; després podria vendre els ous. També tindria pollastres i en tindria cura al corral de casa, on podrien córrer feliços perquè la carn fos millor. Així els vendria més cars. Què podria comprar amb els guanys, després?

20

«Un porc no resulta difícil d'alimentar, es conforma amb les restes del menjar –pensava l'Alícia–. Quan estigui gras, el vendré per comprar una vaca i un vedell, i els veuré saltar per l'herba.» En arribar en aquest punt, l'Alícia també va saltar i... li va caure la llet. Adéu vedell, vaca, porc, pollastres! La pagesa, en veure malbaratada la fortuna d'aquesta manera, va tornar molt trista a la masia, i el seu marit va enfadar-se molt. No és prudent fer massa projectes. No sempre és bo somniar despert, tot i que sempre s'ha de mantenir la il·lusió.

21 L'estiu

Avui comença l'estiu! L'estació més calorosa de l'any. El sol ha sortit molt d'hora i s'amagarà tard. T'has adonat que els dies són més llargs i les nits molt més curtes? Quina sort! Així pots aprofitar-ho i jugar al màxim a l'aire lliure. Sabies que el Sol és l'estrella més propera a la Terra? A més, la Terra està inclinada respecte del Sol. Quan els raigs del sol cauen més directament sobre la part de la Terra on vivim, fa molta més calor: és l'estiu. Quan van caient menys directament, va fent més fred, es passa per la tardor i a continuació arriba l'hivern. Quan tornen a caure més verticals, arriba la primavera i al darrere torna l'estiu!

En tenda de campanya 22

–Ja és estiu! –crida en Damià a l'Àlex–. Podem anar d'acampada.
–D'acord –contesta l'Àlex–. Però com que no tenim tenda, hem de buscar-ne una.
Els dos germans se'n van a buscar tela plastificada per a cobrir el terra i formar el sostre de la tenda, i pals d'escombra per a fer-los servir de puntals.
La casa queda tota capgirada en pocs segons: els nens valents no reculen davant de res per a realitzar les seves proeses. Es posen roba vella i en poc temps acaben de muntar la tenda.
Tot d'una, quin desastre! Una tempesta!
Què faran ara?

23

Primer, segurs que han muntat bé la tenda, s'hi refugien. Però de seguida s'adonen que la tela del sostre no és del tot impermeable.
-Quedarem xops! -diu en Damià-. Tornem a casa, de pressa!
-Val més -coincideix l'Àlex.
Encara sort que la seva mare ha estat més previsora que ells! Els espera a casa amb una tovallola i xocolata calenta. Hauran d'intentar l'acampada un altre dia!

Sant Joan 24

Aquest matí l'Albert no s'ha llevat gens d'hora. És un dia de festa molt important a l'estiu. S'acosta als camps i contempla com a tots els camps ja s'ha fet la collita. Ha estat un bon any. Aixeca els ulls cap al cel i veu com volen les orenetes. Ahir a la nit van fer una foguera i van menjar coca, i ara ja s'acosten les festes majors de tots els pobles!

25

Avui els ocells continuen volant en direcció al Sol i no paren de cantar.
–Quin ocell és aquell? –pregunta en Xavier al seu amic pagès.
–És l'oreneta –li contesta–. Mira com puja fins al cel. Abans es caçaven les orenetes. Saps com? Encegaven l'ocell amb un mirall. L'ocell es pensava que es tractava del Sol i hi volava, fins que xocava. Que cruels que són els homes de vegades!

El sastre valent

26

En un país molt llunyà un terrible gegant havia sembrat el pànic. El rei va fer saber al seu poble que concediria la mà de la seva filla al cavaller que vencés el drac. El sastre del poble estava tan enfeinat en el seu taller que ni tan sols no va sentir el ban. El taller era ple de mosques que el molestaven, però havia inventat un mètode molt original per a caçar-les i, quan se'n va voler adonar, n'havia mort set d'un sol cop.

27

Estava tan content de si mateix que va acostar-se a la finestra i va començar a cridar:

-Set d'un sol cop. N'he mort set d'un sol cop, jo sol! Sóc un heroi!

En sentir aquestes paraules, els guàrdies del rei van dur-lo immediatament a palau. Quan va arribar davant del sobirà, va afanyar-se a explicar-li la seva proesa.

-Ara ja no tinc por de res -va exclamar el sastre.

-Doncs, com que ets tan valent, tu seràs qui alliberi el país del malvat gegant -va respondre-li el rei.

Poc després, el sastre valent es trobava davant del terrible gegant.

«Com triomfar davant d'algú tan fort? -es preguntava el nostre heroi, mort de por-. Només tinc una alternativa: he d'enganyar-lo.»

28

El gegant, en veure'l, es trencava de riure.

-No tens res a fer! -va dir-li.

-No cantis victòria tan d'hora -va respondre el noi-. No oblidis que sóc el sastre més ràpid del país.

I dient això, va clavar-li les tisores a la punta del nas. Amb unes quantes puntades, va deixar el gegant immobilitzat. Quan el rei va saber de la seva victòria, va acudir al lloc de la proesa i va endur-se el sastre valent a palau. El noi va conèixer la princesa, va casar-s'hi i van ser molt feliços.

29

La festa de l'escola

Avui és el dia de començar les vacances de debò, i la senyoreta ha organitzat una festa de comiat de l'escola. Tots els nens es reuneixen al gimnàs.
-Començarem amb el joc de les cadires musicals -anuncia el senyor Gomis-. El guanyador de cada grup rebrà com a premi un CD de música.
La cara dels guanyadors s'il·lumina amb un ample somriure.
-Felicitats! -aplaudeixen els altres nens-. Visca, amics!
-I ara -anuncia la directora-, deixarem que la música continuï sonant.

30

Els alumnes de primer s'aixequen i entonen les cançons que van cantar als pares fa pocs dies. Quina festa tan bonica! Però tot té el seu final, i els nens han de tornar a les classes a recollir les notes... Els cors bateguen més de pressa que de costum. Per a alguns alumnes, aquest és un moment d'alegria. Però als ulls d'altres hi ha llàgrimes... Tanmateix, tots prometen tornar el curs següent.
-Bones vacances, amics!

JULIOL

Visca les vacances!

1

Aquest any la família Pons anirà a Mèxic. Com que el viatge és molt llarg, han decidit fer-lo amb avió.
-És més car -diu el pare-, però el vaixell triga molt més. L'avió és més ràpid i menys cansat.
La Pilar i en Miquel estan molt nerviosos, és la primera vegada que pugen en un avió. No paren de fer preguntes:
-Fa por?
-Quants pilots hi ha?
-Donen menjar?
-No patiu -els diu la mare per tranquil·litzar-los-. És molt divertit i té de tot.
L'avi els duu a l'aeroport amb cotxe, i els pregunta abans d'acomiadar-se:
-Esteu segurs que no us descuideu res?

2

Facturen l'equipatge i després la família va cap a la porta d'embarcament. Entren a l'avió i l'hostessa els indica els seus seients.
-Cordin-se els cinturons, si us plau -els demana.
Els motors rugeixen. L'avió avança sobre la pista; després accelera. En Miquel i la Pilar aguanten la respiració. La velocitat augmenta, les rodes abandonen el terra. L'aparell es dirigeix cap al cel blau i guanya alçada.
-Volem! -exclamen els nens-. Ja volem! Visca!

3 La Ventafocs

La mare de la Ventafocs havia mort i el seu pare va tornar a casar-se amb una dona que tenia dues filles. La nova muller obligava la fillastra a fer totes les feines més pesants de la casa. Havia de netejar-ho tot, fer el menjar i rentar la roba. La Ventafocs només tenia vestits vells i l'anomenaven així perquè sempre havia de ventar el foc de la cuina. Les germanastres li feien la guitza i li encarregaven contínuament noves feines, perquè li tenien molta mania. La Ventafocs era bonica i dolça; en canvi, les germanastres eren lletges i desagradables. Un dia, el rei va anunciar un gran ball a fi de trobar una muller per al príncep hereu. Les tres noies van rebre una invitació. Donarien permís a la Ventafocs per anar al ball?

4

La madrastra va enviar la Ventafocs a la cuina i va ordenar-li que fes dos magnífics vestits per a les filles. Quan va arribar la nit del ball, les dues germanes van marxar i la Ventafocs va quedar-se plorant a prop de la llar de foc. Tot d'una va aparèixer la seva fada padrina, que amb un toc de la vareta màgica va canviar els parracs de la Ventafocs per un vestit preciós. Després va transformar una carabassa de jardí en una esplèndida carrossa, i sis ratolins en cavalls.

–Tu també aniràs al ball –va dir-li la fada–. Però no te'n descuidis: l'encanteri s'acabarà a mitjanit.

5

Quan el príncep va veure-la, va decidir que ja no ballaria amb ningú més. La Ventafocs estava tan contenta que no va pensar en l'hora. Va sentir com sonaven les dotze campanades, i va marxar corrent. Pel camí va perdre una de les sabates de cristall. El príncep estava molt trist i volia trobar la noia fos com fos. De seguida va organitzar-ne la cerca: un funcionari de palau emprovaria la sabata de cristall a totes les noies del regne. La Ventafocs també va emprovar-se-la, i així el príncep va saber per fi qui era la noia a qui estimava.

La primera fruita 6

Segur que la fruita d'estiu que t'agrada més és la cirera! El bonic cirerer que hi ha al costat del llac està carregat de fruita. En Dídac i la Sònia es preparen per anar a collir-ne. Com s'alegren de poder fer-se unes arracades! I de poder dur a la mare un cistell ple de cireres perquè en faci un pastís.

–Hem d'afanyar-nos –diu en Dídac a la seva germana–, perquè a les merles les cireres els agraden tant o més que a nosaltres.

7 La cacera sorpresa

Estem de vacances. En les nits d'estiu ningú no vol anar-se'n al llit d'hora. Avui la Paula ha tingut una idea:

-I si anem a caçar arnes? –proposa als seus cosins Tomàs i Carles.

-Quina idea tan bona! –exclama en Carles tot fent salts d'alegria per tenir una aventura a la vista–. Vaig a buscar una llanterna.

En Tomàs no està tan content. És el més petit de tots i no li agrada la foscor. Tanmateix, fa bona cara i se'n va a buscar un pot i una xarxa per a caçar papallones.

-No aneu gaire lluny! Quedeu-vos a prop de casa -els aconsella la mare en veure'ls tan entusiasmats.

8

En Tomàs, la Paula i en Carles són al principi del bosc. Tot d'una, la llanterna s'apaga.

-Deuen ser les piles... M'ho temia -diu en Tomàs, espantat.

-I ara com tornarem? Tot està tan fosc... -diu la Paula, molt enfadada.

-Oh, mireu! -exclama en Carles-. Cuques de llum! Ja no ens cal llanterna. N'hi haurà prou de collir-ne unes quantes i posar-les al nostre pot.

-De primera! –diu en Tomàs–. Ara ja estic més tranquil. Llàstima que no puguem caçar arnes..., tot i que les cuques de llum també són molt boniques.

Aus rapinyaires

9

Existeixen en la natura unes aus que des de sempre han provocat la desconfiança dels homes: se les anomena rapinyaires. Són uns ocells preciosos i a més molt útils, tot i que els seus misteriosos costums sempre ens hagin inspirat temor. Un dia, durant una passejada, en Pere va poder observar-ne una: una àliga.
-Oh! Sembla un estel! —va exclamar.
Aquest animal té una vista tan aguda que pot veure les preses per petites que siguin: ratolins silvestres o conillets. L'àliga caça a ple dia, igual que l'esparver i el falcó. Les aus rapinyaires més enigmàtiques viuen de nit, però no són ocells de mal averany, com s'ha fet creure. Vols que les descobrim junts?

10

Uuuuh! Uuuuh! L'òliba canta en plena nit. No s'ha de tenir por; tan sols és una au rapinyaire nocturna molt útil que s'alimenta d'insectes i altres bestioles que són perjudicials per a les collites. Igual que d'altres ocells rapinyaires, l'òliba escup unes boletes formades per les parts no comestibles dels animals que ingereix, com ara ossos, pèls, plomes... Pots trobar aquestes boletes als boscos d'avets o fins i tot a les masies. Examina-les i coneixeràs el menú de l'au rapinyaire que volta per allà.

11 Les gavines afamades

L'Adela i la Coloma passen uns dies de vacances al mar. Cada matí, quan van a la platja a passejar el gos, es troben les gavines que giravolten i xisclen; es barallen i busquen el seu menjar a la sorra humida.

–Deixeu córrer la Pepsi —els aconsella el pare—; necessita saltar.

Quan veuen que la gossa s'acosta, les gavines fugen fent molt de soroll. Després tornen una altra vegada.

–Què mengen? –pregunta l'Adela.

–Els agrada menjar musclos, crancs, calamarsons, pa... –respon el pare.

–Podríem donar-los un tros de pa amb tomàquet? –pregunta la Coloma.

12

–Mira, aquí en tinc dos a la mà –diu l'Adela.

–D'acord... Doneu-los pa amb tomàquet: sembla que el demanin.

Les nenes trenquen el pa a bocins petits i els llancen als ocells. Les gavines es precipiten immediatament sobre l'esmorzar, xisclant. Arriben de totes bandes i les nostres dues amigues, una mica espantades, es refugien a prop del pare, que no para de riure.

–Aquestes gavines tenien molta gana! Són unes esverades! –diu, content.

La canya de pescar

13

-Com? No has anat mai a pescar, però t'agradaria? -diu el pare a en Pau després de veure un programa de televisió sobre pesca-. Doncs no hi ha res de més senzill.
-Però jo no tinc equipament per anar a pescar.
-Tens botes d'aigua i una caçadora vella, o un impermeable? Amb això n'hi ha prou, no cal un vestit de gala.
-I la canya de pescar? -pregunta en Pau.
-No pateixis, que ja me n'encarrego jo. Només cal lligar un fil de niló a la punta d'un bastó, un tap de suro, un ham i... enllestit!
En Pau somnia imaginant que domina la canya de pescar i que treu un peix enorme...

14

En Pau i el seu pare estan asseguts al costat del riu i vigilen la canya.
-Sí que triguen! -diu en Pau, una mica inquiet per la llarga espera-. Ja gairebé no ens queda esquer.
El pare no respon. A la punta de la canya d'en Pau s'ha vist un lleuger remolí i el noi ni tan sols se n'ha adonat. De seguida diu:
-Estira l'ham, fill. Ara! Formidable! És una truita!
En Pau està bocabadat. En un segon ha oblidat tots els esforços. Així són les alegries de la pesca!

15

Salta, granota!

Aquest matí està núvol. Què hi farem! La Patrícia es posa un xandall i surt a fer un volt pel bosc. «Quin lloc tan bonic per a passar-hi les vacances», pensa.
A migdia es reuneix amb els seus pares a l'hotel.
–He anat a l'estany –els explica–. He vist ànecs, pescadors i nenúfars...
–Què duus en aquesta bossa? –li pregunta el pare.
–Una granota! –respon la nena, i deixa l'animal sobre la taula.
El batraci aprofita aquell moment per a saltar sobre els plats buits i després es llança a terra. Quin batibull! Tots els empleats intenten atrapar la granota. Hi ha persones que criden espantades i els nens riuen com a ximples.

16

Alí Babà i els quaranta lladres

Fa molt de temps, en un país molt llunyà, vivia un noi que es deia Alí Babà. Un dia, quan tornava a casa, va sentir el soroll de cascs de cavalls al galop. Va amagar-se i va veure passar quaranta genets molt carregats. Un d'ells va dir:
–Obre't, Sèsam!
Davant els ulls astorats d'Alí Babà, va obrir-se una roca. Tota la banda va afanyar-se a posar-hi ràpidament la càrrega. Després, el mateix home va dir:
–Tanca't, Sèsam!
I la roca va tancar-se. Quan els bandits van marxar, l'Alí Babà va pronunciar les paraules màgiques... i la roca va obrir-se.

17

Davant seu brillaven piles de pedres precioses i monedes d'or. Va omplir un sac amb tot el que va poder, va marxar i va tornar a tancar l'entrada de la gruta. Quan va arribar a casa, va explicar l'aventura al seu germà Cassim.

En Cassim va anar a la cova, però els bandits el van sorprendre i el van matar. L'Alí Babà, en adonar-se de la desaparició del germà, va sortir a buscar-lo i el va trobar mort dintre de la cova. Va endur-se el cos a casa, pensant que els bandits no trigarien a buscar la persona que coneixia la seva guarida. I així va ser: un membre de la banda va seguir-lo i va esbrinar on vivia. Al cap d'uns dies, va presentar-se un venedor a casa de l'Alí Babà i li va demanar que li permetés guardar al pati, fins a l'endemà al matí, quaranta gerres d'oli. Sabeu per què?

18

La Morgiana, la serventa, va sospitar que dintre de les gerres s'havien amagat els bandits. Quan va fer-se de nit, va bullir aigua i la va tirar dintre de les gerres. Els lladres no van tenir temps ni de cridar: tots van morir escaldats. Quan el cap va adonar-se que tots els seus homes eren morts, va fugir corrent. La Morgiana, que vigilava el pati, va explicar a l'Alí Babà tot el que havia succeït.

L'Alí Babà va repartir entre els pobres de la seva població tots els tresors de la cova, va casar-se amb la Morgiana i tots dos visqueren molt feliços.

19

A la segadora

Aquest any, el senyor Ferran, el pagès, ha acceptat de dur en Rafael a la segadora. El Sol brilla amb mil llums; les espigues estan daurades i madures.
–Som-hi! –diu el pagès.
El motor de la segadora fa un soroll eixordador. Les paletes giren i les fulles no paren de tallar; la màquina s'empassa les espigues, conserva el gra i llença la palla.
Els insectes volen davant de les terribles mandíbules del monstre metàl·lic. Els pardals fugen espaordits, batent les ales, seguits per un faisà, una perdiu...

20

Tot d'una, en Rafael crida:
–Pari, senyor Ferran!
El nostre amic baixa de la cabina i es precipita cap a la part de davant de l'enorme vehicle. S'ajup i cull una cosa.
En Rafael torna al lloc del conductor i li ensenya el que ha trobat: un eriçó!
–Què faràs amb aquesta cria? –li pregunta el pagès.
–L'alimentaré i viurà al nostre hort. Vostè ja sap que l'eriçó menja llimacs i també insectes.

Un brunzit a les orelles

21

-Caram! -diu la mare, amoïnada-. En Cesc encara no s'ha llevat. Mai no es desperta tan tard. Per què no vas a veure què li passa? -demana al pare.
-Què et passa, fill? -diu el pare en entrar a l'habitació.
-No ho sé -respon en Cesc-. Dec estar malalt; sento un brunzit a les orelles.
El pare surt de l'habitació pensarós.
-Hem d'avisar el metge -diu-. Diu que sent un brunzit a les orelles, però no crec que estigui refredat. Què li deu passar? Vull saber què en pensa el metge.

22

El metge coneix molt bé en Cesc, però avui està una mica desorientat.
-No tens febre -diu al nen-. Però hi ha alguna cosa estranya.
El metge s'acosta a la finestra, pensant. Com que fa molta calor, l'obre de bat a bat. I tot d'una... també ell comença a tenir un brunzit a les orelles!
-La clau del misteri és aquí -diu-. Hi ha un vesper a la finestra. Avisa els bombers, Cesc. Ells et faran marxar el brunzit abans que jo.

Les lluernes

23

Com que aquesta nit fa molta calor, en Pere, la Iolanda i els seus pares han decidit observar la vida nocturna del camp. Amb una llanterna a la mà, tots quatre s'internen entre les ombres del bosc. La Iolanda té por dels mosquits que li xiulen a prop de les orelles. A la vora del camí, tota la família se sent atreta per un puntet lluminós que brilla com si hagués caigut una estrella.
-És una lluerna! -exclama el pare de la Iolanda i en Pere-. No la toquem, perquè en notar el perill s'apaga. Coneixeu altres animals fosforescents?

24

Els nens obren els ulls, bocabadats davant la cuca de llum.
-M'agradaria ser tan lluminós com aquest insecte -diu en Pere-. Això m'estalviaria haver de dur la llanterna.
-I a mi! -afegeix la Iolanda-. Ja no em faria por la foscor!
Una mica més enllà, entre les mates, llampen altres llumetes. Són una mena de lluernes que esquitxen els boscos amb les seves llums errants. S'encenen i s'apaguen de forma intermitent, i entremig es desplacen d'un lloc a l'altre. És molt difícil seguir-ne la pista!

Les estrelles 25

En ple estiu, contemplar el cel de nit resulta un gran espectacle. Brilla amb mil llums de totes les mides: les estrelles. Són molt més grans que la Terra, però com que són a milions de quilòmetres, ens semblen minúscules. Fixa't en les estrelles: el cel està travessat per una gegantina estela lluminosa formada per milions d'estrelles: és la Via Làctia.
Una de les constel·lacions que has d'aprendre a distingir primer és l'Óssa Major: està formada per set estrelles que formen el dibuix d'un carro. És molt fàcil reconèixer-la, i a partir d'ella podem calcula on és l'Estrella Polar. Aquesta estrella ens pot ajudar a orientar-nos de nit: sempre indica el nord.

26

–Oh, mira! Un estel fugaç travessa el cel a tota velocitat! Oi que sembla un coet?
Quan el cel està serè i sobretot en les nits de més calor se'n veuen moltes. No es poden confondre amb els avions, perquè aquests es desplacen molt més lentament. Els estels fugaços són fragments de roca que, en travessar l'espai, s'incendien en contacte amb l'aire. Diuen que si demanes un desig quan veus un estel fugaç, es compleix, però no l'has d'explicar a ningú.

27 Tresors d'estiu

Què pots fer amb les petxines i caragols que has recollit de les platges, o amb les pedres que agafes quan vas a fer un volt? Pots fer mil objectes decoratius, però hauràs de fer-los amb molta cura perquè et quedin bé. Unes quantes pinzellades transformaran una petxina o una pedra plana i ovalada en un peix o un medalló. Si, al contrari, tens formes més rodones, pots unir-les i fer ninotets, o animals divertits. En un tros de cartó o de fusta, amb cola líquida, es poden fer també mosaics molt bonics. Quan les obres mestres estan acabades, l'ideal és cobrir-les amb una capa de vernís protector.

28

Per a divertir-te d'una altra manera pots organitzar diferents jocs amb les petxines o les pedres. A la sorra, per exemple, és fàcil traçar els quadres de la xarranca, un joc de dames o fins i tot de l'oca. A casa pots crear un altre joc: fabricar un tresor de pedres pintades de color daurat i collars de petxines. L'objectiu del joc és aconseguir que els teus amics trobin el tresor, buscant totes les pedres precioses que hagis amagat per la casa.

El lleó i el ratolí

29

Un lleó estava descansant molt tranquil. Havia menjat bé i feia una becaina plàcida, i estava de molt bon humor. Tot d'una va notar que el terra s'aixecava lleugerament i va aparèixer un clot. Bocabadat, el lleó va veure com sortia del forat un magnífic bigoti. Pertanyia a un ratolí que mirava sorprès el lleó, espantat de ser entre les seves potes. El ratolí va adonar-se de seguida que la situació era molt perillosa. La fera només havia de fer un petit moviment i adéu al ratolí! Però el rei de la selva, divertit en adonar-se que el visitant estava atabalat, va dir-li que continués passejant.

30

El ratolí, feliç de seguir viu, va donar-li les gràcies i va posar-se a córrer tan de pressa com li ho permetien les potetes. Això va donar els seus fruits. Qui s'hauria pensat que un ratolí podia ajudar un lleó! Perquè un dia el lleó va quedar atrapat en una xarxa. Per més que rugia, saltava i sacsejava la xarxa, no aconseguia alliberar-se. Estava presoner. El ratolí, que passava per allà, va adonar-se'n i va començar a mossegar la xarxa; i la va mossegar tant, que la malla va trencar-se i el lleó va quedar lliure. La paciència i el temps fan més que la força o la ràbia.

L'ànec cosidor

31

El nen ha rebut dues joguines en fer un any: un osset de peluix i un ànec blau amb quatre rodes. El nen encara no sap caminar sol: es desplaça gatejant i seu quan està cansat. Aleshores agafa l'osset en braços i l'estreny amb força, després li estira una orella, li fa molts petons, li torça el cap i al final el llança contra la pota d'una taula.

«Pobre Bru –pensa l'ànec de fusta–. Aquest nen hauria de jugar una mica amb mi. Jo sóc més fort que l'osset de peluix.»

El nen acaba arrencant una pota al Bru i després, cansat, s'adorm.

La mare el posa al bressol i desa les joguines en una caixa grossa. El Quac-quac, l'aneguet, diu al seu amic:

–T'adjuraré, Bru. Ja veuràs. Sóc un gran cosidor.

I el Quac-quac cus amb un fil marró molt fort, agulla i didal la pota que el nen li havia arrencat.

–Moltes gràcies –diu el Bru–. Ja estic molt millor! Aquest nen és terrible!

–És tan bo quan dorm –diu el Quac-quac–. Vine a veure'l, però no facis soroll.

Les dues joguines surten a poc a poc de la caixa i observen el nen adormit, amb el polze a la boca i un meravellós somriure als llavis.

–Tens raó –xiuxiueja el Bru–, sembla un àngel.

Només per això li perdono les males estones.

1 Els retrobaments

Durant el mes de juliol, la Bàrbara i en Gregori han anat a Tunis amb els seus pares. Els ha fet un temps preciós. Han tornat avui, molt contents i morens. La mare està amoïnada perquè l'àvia està malalta. Han deixat les maletes ràpidament i tota la família ha anat a veure-la. L'àvia ja es troba molt millor i somriu:

–Acosteu-vos, fills –els diu, emocionada.

En Gregori s'acosta i es tira al coll de l'àvia.

–Vigila, Gregori, que li faràs mal! –el renya el pare.

L'àvia passa la mirada per tota l'habitació i pregunta a la seva filla:

–Qui és aquesta nena tan morena?

–És la Bàrbara! –li respon, molt sorpresa.

–Sí, sóc jo! –crida la nena, emocionada, i corre a abraçar l'àvia.

Aleshores l'àvia la reconeix: és la seva petita salvatge! L'àvia està molt contenta de tornar a veure'ls a tots i escolta encantada totes les històries i aventures que fills i néts porten de les vacances a l'Àfrica.

La Caputxeta Vermella

2

Aquesta és la història d'una nena encisadora que tothom anomenava Caputxeta Vermella, perquè cada cop que sortia a passejar duia una capa vermella amb caputxa.
Un dia, la Caputxeta va anar a veure l'àvia, que estava malalta i que vivia una mica lluny, en una caseta al final del bosc. Pel camí va trobar-se el llop, que li va preguntar:
–On vas?
–Vaig a casa de l'àvia. Li porto galetes perquè està malalta.
En sentir això, el llop va acomiadar-se i va travessar corrent el bosc per arribar primer a casa de l'àvia. Quan va arribar, va trucar a la porta: «toc, toc, toc».
–Qui hi ha? –va contestar amb veu tremolosa l'àvia.

3

–Sóc la Caputxeta Vermella –va dir el llop, imitant la veu de la nena.
L'àvia va notar alguna cosa estranya i va decidir amagar-se en un armari enorme. El llop va esperar que arribés la Caputxeta. La Caputxeta Vermella va entrar a la casa i va anar cap al llit per fer un petó a l'àvia, però va trobar-la molt canviada.
–Quintes dents tan grosses que tens, àvia! –va dir-li.
–Són per a menjar-te millor! –va cridar el llop, i va llançar-se sobre la nena.

4

-Auxili! Ajudeu-me! El llop se'm vol menjar! -va cridar la Caputxeta.
En sentir els crits de la Caputxeta, l'àvia va sortir de l'armari i va donar un cop al cap del llop amb el corró de la cuina. Va picar amb tanta força, que el llop va desplomar-se, després es va aixecar amb dificultat i va fugir al bosc, per on encara continua corrent.
-Aquesta aventura m'ha fet venir gana -va dir la Caputxeta Vermella.
-A mi també -va dir l'àvia-. A més, ja em trobo molt millor.
Totes dues van seure a taula molt contentes i es van menjar les galetes.

5 La pomera vella

Un cinc d'agost, quan el vent passava per l'hort de la Carolina, va aturar-se de cop, intrigat.
-Què tens? -va preguntar a la pomera vella, que tenia un aspecte molt cansat-. Que passa res de greu?
-És que ja sóc molt vella -va respondre l'arbre, amb veu dèbil-. Les branques em pesen molt. Estan tan carregades de pomes!
-No pateixis -li va dir el vent-. Jo t'ajudaré.

6

El vent, volent ajudar la pomera, va bufar amb totes les seves forces. Però no va tenir sort: només dues o tres pomes van caure damunt de l'herba. «Què puc fer? Tinc una idea!», va dir-se el vent, i va introduir-se amb suavitat entre les branques de la pomera.

Com per art de màgia, va escampar-se per l'aire l'aroma penetrant de les pomes... i va arribar a l'habitació de la Carolina.

–Mmmmm! Quina bona olor! –va dir la nena–. I si vaig a collir un cistell de pomes?

La Cinta i la Margarida

7

Al jardí hi ha moltes flors. La Cinta, l'abella, adora les flors i li agrada fer-la petar amb la Margarida, la seva amiga preferida.

–Com va tot? Tens bon nèctar avui?

–Agafa'n tant com vulguis, Cinta, però si us plau no em facis gaires pessigolles!

–Sabies que el teu nèctar és el millor de la regió? Gràcies a tu, nosaltres produïm la millor mel de la comarca. Saps com la fem?

8

Escolta. Després dels meus viatges -continua la Cinta-, torno al rusc.
-És veritat que saps ballar? -li pregunta la Margarida, intrigada.
-Faig cercles i volo fent vuits per indicar a les meves germanes quines són les flors més bones, com ara tu. Després deixo el nèctar a les cel·les de la Reina, que s'encarrega de fer la mel.
-Pots convidar-me a tastar-la? -pregunta la Margarida.
-Amb molt de gust -respon la Cinta-. La mel no és per a nosaltres. Nosaltres la donem als infants. Es tornen bojos!

El retorn de les colònies

9

En David, en Robert i en Llorenç han passat una setmana de colònies, en ple bosc. Ara acaben de tornar a casa.
-Però sí que veniu bruts! -exclama la mare, sorpresa.
-No hem tingut gaire temps per a rentar-nos -explica en David.
-No m'ho puc creure. Vols dir que a les colònies no us deixaven rentar-vos? -pregunta la mare.

10

-L'aigua del riu era molt freda -afegeix en Llorenç.
-Ara entenc per què feu olor de tigre! -diu el pare, somrient i tapant-se el nas.
-Jo em pensava que la valentia dels nens a les colònies incloïa perdre la por de l'aigua freda... -diu la mare, múrria-. Ara només ens queda una solució: un bon bany calent amb sabó i raspall!
-Potser anem bruts -acaba dient en David-, però com ens ho hem passat!

Un bonic quadre

11

L'avi ha proposat a en Lluís arreglar la barraca on desen les eines.
-Quina idea tan bona! -diu en Lluís, sempre content amb les propostes de l'avi. Però, en entrar a la barraca, se sent una mica decebut.
-No m'agrada -diu-. És plena de teranyines!
-Fas mal de menysprear-les -diu l'avi-. Em sembla que no les coneixes bé. Si vols, t'explicaré una cosa...

12

-Sí avi, explica.
-Quan jo era petit -diu l'avi-, em passava les hores mortes observant les aranyes. De vegades les mirava a través d'una lupa, intentava pintar-los els fils, i d'altres les molestava amb un bastonet, per fer tremolar tota la teranyina. Si vols anar a buscar un pot de laca dels cabells de la mare, podem ruixar la teranyina amb la laca i després posar-la sobre un vidre. T'adonaràs, igual que vaig fer jo, que són una obra mestra!
-Mai no hi havia pensat en això -diu en Lluís-. Ets genial, avi!

13 La cabana de fusta

La Marta, la Natàlia i l'Àlex ajuden el seu pare a preparar una barbacoa.
-Necessito moltes branques de totes mides. Hem de portar totes les que hi hagi per aquí -diu.
Com que es tracta de tres nens molt espavilats, els resulta molt fàcil trobar llenya. La Natàlia, la Marta i l'Àlex en porten tanta, que el seu pare es queda bocabadat. Què en farà de tanta llenya? N'hi ha massa, el jardí n'és ple.

14

Però de seguida se li acut una idea.

–Seguiu-me, nens –diu, i els duu al fons del jardí–, i porteu tota la llenya que heu recollit.

Els nens es pregunten què se li deu haver acudit al pare.

–Però si aquí no és on encendrem el foc... –diuen.

–Va, canalla. Cal molta energia per a construir una cabana! –els anima el pare.

–Visca! –exclamen els nens.

–Quina sort que tenim! –diu l'Àlex, entusiasmat–. Em sembla que he somniat mil vegades a tenir una cabana.

15 Aladí i la llàntia meravellosa

L'Aladí vivia amb la seva mare, i eren molt pobres. Un dia va arribar a casa seva un ancià que va presentar-se com l'oncle de l'Aladí, però en realitat era un bruixot molt dolent. Va endur-se l'Aladí al desert i va demanar-li que fes foc. Després va tirar unes pólvores màgiques a les flames i la terra va obrir-se, i deixà al descobert una cova.

–Agafa aquest anell –va dir el bruixot a l'Aladí–. Et protegirà dels genis malignes. Baixa i porta'm una llàntia d'oli que trobaràs al fons de la cova.

L'Aladí va veure tantes pedres precioses que va quedar-se contemplant el tresor molta estona. El vell bruixot, que era impacient, va enfadar-se molt i va tapar l'entrada de la cova amb pedres. L'Aladí estava molt espantat. Sense adonar-se'n, va fer girar l'anell al voltant del dit i... a l'instant va aparèixer un geni bo que li va preguntar què desitjava. L'Aladí va agafar la llàntia, va omplir un petit cofre de pedres precioses i li va demanar al geni que el dugués a casa. El seu desig es va veure realitzat immediatament i el noi va explicar a la seva mare tot el que li havia succeït. Com que la llàntia també era màgica, l'Aladí va fer-se molt ric i va casar-se amb la filla del soldà.

16

17

Poc temps després, l'Aladí va haver de viatjar a l'estranger. El vell bruixot, que envejava la fortuna de l'Aladí, va aprofitar la seva absència per apoderar-se de la llàntia meravellosa, i va demanar al geni bo que transportés el palau de l'Aladí a l'Àfrica. Quan l'Aladí va tornar del viatge, va adonar-se del que havia succeït. Va fer arribar l'anell màgic i va arribar de seguida a l'Àfrica. Va aconseguir recuperar la llàntia i va fer desaparèixer el bruixot. Des d'aleshores va viure molt feliç amb la seva muller, gràcies al bon geni.

18. El pugó i la marieta

A l'estiu, quan fa molta calor, els rosers són plens de petits insectes que els corren per les tiges i les fulles, sense preocupar-se de les terribles punxes. Un és el pugó. Es torna boig pels pètals de les roses, que xucla tot el dia. Quan està satisfet, el pugó decideix descansar al clot d'un pètal i refrescar-se de tant en tant amb la rosada que degota a prop.

–Ai! Que dolça és la vida en aquesta flor! –exclama, i després s'adorm.

Però el pugó és molt imprudent de dedicar-se a descansar així. Els depredadors no són gaire lluny.

19.

Precisament la Mireia, la marieta, acaba d'aturar-se al roser. Tanca delicadament les ales i va passant d'una branca a una altra.

–Estic afamada –diu.

I entre salt i salt, es menja les cuques, que intenten fugir desesperadament de la seva boca goluda. El pugó es desperta en sentir tant de soroll. Pressentint el perill, fa rodolar una goteta de rosada sobre la marieta, que es veu obligada a anar a menjar en una altra banda.

Un dia de pesca

20

La família Romaní acampa a la vora d'un riu. Al matí, d'hora, en Samuel i el seu pare surten de la tenda de campanya i van a pescar truites.

–Esmorzarem peix fregit amb llimona.

–Mmmm! Només de pensar-ho... se'm fa la boca aigua.

–No n'hi ha prou de pensar-ho –diu el pare, mentre prepara la llarga canya de pescar–. Cal pescar-los.

–Amb el nostre equipament no trigarem pas gaire –respon en Samuel, confiat–. Ja ho veuràs!

Tot va molt bé: les truites es deixen pescar àcilment. Quan els treuen l'ham, col·loquen els peixos..., saps on?

21

En una galleda plena d'aigua. El nostre amic els va comptant:

–Visca! Ja en tenim tretze!

En aquell moment, la Canyella, la gosseta cocker de la senyora Llopis, s'acosta als dos pescadors i... d'un cop de cua aboca la galleda, i el «peix fregit» cau a l'aigua. La Canyella fuig corrent.

–Oh, no! –gemega en Samuel posant-se les mans al cap.

–Són coses que passen! –diu el pare, somrient–. Haurem de tornar a començar.

Anem a buscar bolets

22

-M'acompanyes a buscar bolets demà, Raül? -pregunta la Sofia al seu germà petit-. Com que fa una nit humida i calenta, potser en trobarem algun...
-Molt bona idea! -exclama en Raül, molt content-. Coneixes algun lloc bo on anar?
-És clar! -respon la Sofia-. Sempre n'hi ha molts al camp on la tia Júlia duu les vaques a pasturar. És un lloc molt bo, ja ho veuràs...
-Sí, però val més trobar un prat on hi hagi cavalls; es veu que als bolets els encanta ser a prop d'ells.
-Confia en mi -diu la Sofia-. Anem a dormir, que ja és tard i demà hem de matinar.

23

Els nostres amics estan a punt a primera hora del matí. Es posen les botes i agafen un cistell. No triguen a arribar al prat de la tia Júlia.
-Hem de recórrer el prat d'una banda a l'altra -aconsella la Sofia-. Tu vés per allà i jo aniré per aquí.
-Mira, Sofia -exclama en Raül-. He trobat tota una família de bolets. Porta el cistell, que els hi posaré.
-Però si aquests no són comestibles! -diu la Sofia-. S'ha d'anar amb molt de compte i agafar només els que es coneixen molt bé, Raül, perquè les intoxicacions per bolets poden matar.

La formiga i el colom

24

Hi havia una vegada un colom que tenia el costum d'anar a beure a l'aigua cristal·lina d'un riu. Un dia, una formiga que passava per allà va inclinar-se a beure aigua, va relliscar i va caure. La valenta formiga va intentar nedar, però el corrent era massa fort per a ella. El colom va veure que la formiga estava a punt de morir. Havia d'ajudar-la, però com? Tot d'una, l'ocell va trobar un bri d'herba, va agafar-lo amb el bec i va tirar-lo a l'aigua, prop d'on era la formiga, que de seguida s'hi va poder agafar. Estava salvada, i per fi va arribar a terra ferma. S'havien acabat ja tots els seus problemes?

25

El colom observava la formiga, que havia aconseguit salvar-se pels pèls. Tot d'una va aparèixer un caçador. Caminava sense fer soroll i duia una escopeta. El colom estava distret i no es va adonar de la seva presència. El caçador es preparava per matar-lo. Però la formiga no va dubtar-ho ni un instant, va enfilar-se-li al turmell i va queixalar-lo. En sentir els crits de dolor que feia el caçador, el colom va fugir de seguida. Recorda doncs que sempre hem d'ajudar els altres.

El venedor de somnis i de sorra

26

La Pamela és a punt d'adormir-se. Espera en secret que el venedor de sorra accepti de dur-la al seu meravellós país a la vora del mar. Tot d'una, se sent transportada per l'aire. És meravellós! Sense comprendre què passa, es troba en una platja envoltada de molts nens que s'ho passen de primera.

-Vine a jugar amb nosaltres -sent que li diuen-. Farem un dibuix a la sorra i tu has d'endevinar què és.

-No, vine aquí -diu una altra veu, una mica més lluny-. Estem fent un concurs de castells de sorra.

27

-La sorra és meravellosa. Com es diverteixen! -exclama, mentre mira els nens que caminen enrere per una pista de petxines. D'altres juguen a llançar pilotes de colors. La Pamela aplaudeix, entusiasmada:

-És el lloc més bonic que he conegut per a jugar-hi! -diu-. Sembla que sigui un somni! La Pamela encara no ho sap, però està somniant de debò. Quantes idees que tindrà per jugar l'endemà!

28 La collita de patates

-Aprofitem aquests darrers dies de vacances per collir les patates -diu el pare.
-D'acord -respon en Blai, el fill gran-. Véns, Felip?
-Ja vinc -respon el més petit.
Comencen a treballar: el pare desenterra els tubercles i els nens netegen les patates i després les posen en galledes. En Blai duu les seves dues galledes a casa i escampa les patates a l'eixida. En Felip treballa una mica més a poc a poc que el seu germà. Què deu passar?

29

Al quart viatge, la mare els duu una llimonada. En aquell moment, en Felip ensopega amb el rasclet i aboca les galledes. La senyora Roure s'adona que són mig buides. En Felip n'havia omplert el fons amb papers!
-Trampós! -el renya la mare-. Hauria de fer-te vergonya intentar enganyar la gent!
-En Blai descansarà mentre tu fas la feina que et correspon -diu el pare-. Va, a treballar, amic meu!

30 La tornada de vacances

En Jordi, la Laia, la Blanca i en Jesús han passat unes vacances meravelloses a bord del Transiberià.
-M'encanten els viatges amb tren! -diu la Blanca, mirant el paisatge que desfila a tota velocitat.
-Demà a migdia arribarem -assegura el pare, somrient.
-Anem a menjar i després a dormir -els diu la mare.
-Jo no tinc son -diu en Jordi, badallant-, però tinc gana!
Després de sopar, els nens no triguen a adormir-se a les lliteres. L'endemà, cap a migdia, els avis els estan esperant a l'andana. En Jordi s'encarrega d'anar preparant les maletes.

31

-No tingueu pressa -aconsella el pare als nens-. Esperarem que el tren s'aturi abans de sortir al passadís.
Baixen del tren sense cap problema. La Blanca i en Jesús abracen els seus avis.
-Les meves petxines! -crida en Jesús.
Massa tard: el tren ja ha marxat.
-No t'amoïnis -el consola el seu pare-. L'any que ve en portaràs que seran encara més boniques.

La tornada a classe

1

Ha arribat el gran dia. Els nens emprenen el camí de l'escola. Els alumnes «antics» es troben amb els seus amics. Els «nous» avancen tímidament pel pati. Alguns menuts, de la mà del pare o de la mare, fan esforços per contenir les llàgrimes. D'altres, acompanyats pels germans grans, semblen menys inquiets, perquè saben que es tornaran a veure a l'esbarjo. Quan sona el timbre, tots formen fileres.
L'Emili es posa a plorar. El pare i la mare ja han marxat i ell s'ha quedat amb una senyoreta que no havia vist mai en la vida. Què deuran fer ara?

2

La mestra diu bon dia, es presenta i pregunta els noms als alumnes. Tots els nens duen llibretes, llibres, llapis, bolígrafs i una goma d'esborrar. Per conèixer millor els nens, la mestra els pregunta què han fet durant les vacances. A continuació els demana que escriguin el seu nom als llibres i llibretes. Després tots fan un dibuix i per acabar el dia la mestra els explica un conte preciós. Tots estan molt contents amb la mestra nova. Quantes coses interessants que aprendran!

3 Polzeta

Hi havia una vegada una senyora que estava molt trista perquè no tenia fills. Un dia, al cor d'una flor, va descobrir una nena molt petita, a la qual va decidir anomenar Polzeta. Una nit va acostar-se un gripau molt gros i, en veure la Polzeta adormida, va decidir emportar-se-la.
«Serà una bona muller per al meu fill», va pensar.
Va endur-se-la a l'estany i va dipositar-la en una fulla de nenúfar. L'endemà, quan la Polzeta va despertar-se i es va adonar del lloc on era, va posar-se a plorar.
Els peixos de l'estany van decidir salvar-la. Una papallona va remolcar la fulla fins a la riba i un abellot va dur-la a un prat. La Polzeta va passar tot l'estiu alimentant-se de flors. Però l'estiu no dura sempre...

4

Quan va arribar l'hivern, la Polzeta passava molt de fred i gana. Només tenia una fulla per abrigar-se, fins que un dia va passar per allà un ratolí silvestre i va endur-se-la a casa. La Polzeta feia tot el que podia per ajudar a la cuina i en la neteja de la casa. Un dia van anar a visitar el talp. Pel camí van trobar una oreneta, que estava ferida.
–Hem de guarir-la –va dir la Polzeta.
Va estendre una manta sobre l'ocellet, que estava mig mort de fred, fins que el cor de l'oreneta va començar a bategar més seguit.

5

A força d'atencions, l'oreneta va recuperar-se. Quan va arribar la primavera, l'ocell va enlairar-se al cel blau, i la vida de la Polzeta es va tornar molt trista. Un dia, el senyor talp va decidir casar-se amb ella; la Polzeta va sortir a la superfície de la terra per dir adéu al Sol i a les flors. Pel cel volava la seva amiga oreneta, que va cridar-li:

-Vine amb mi, que et duré el país del Sol!

La Polzeta va acceptar, contenta. En aquell país va trobar un follet molt ben plantat que va demanar-li que s'hi casés.

Les peres cuites

6

L'Adriana i en Joan han collit les peres de l'hort i les duen a la mare. Tenen unes ganes de menjar-se-les!

-Potser la mare ens en deixarà endur una per a l'esbarjo -diu l'Adriana.

La mare els avisa:

-Però si no estan madures!

Els dos nens es miren en adonar-se de l'error que han comès.

-La pròxima vegada —els diu la mare— val més que pregunteu abans de collir-ne. Però no us amoïneu, que encara en podrem fer alguna cosa.

7

Quan tornen de classe, l'Adriana i el seu germà seuen a la taula del menjador. La mare apareix amb una safata a la mà:
-Nois, a berenar! -els diu mentre serveix... peres cuites cobertes de xocolata!
-Quina sort tenir una mare tan bona! -exclamen els dos nens.
-Estan boníssimes -diu en Joan.
Les postres són tan bones, que es taquen tots de xocolata: les mans, el nas...
-Mare, ets una súper cuinera -li diuen els germans.

Collita sorpresa

8

Que bé! És l'època de les móres!
En Miquel i la Patrícia han convençut els seus pares per anar a buscar móres. Però lluny de la ciutat, en un camí de terra, el cotxe s'espatlla.
-Què farem, pare? -pregunta en Miquel.
-Em sembla que no tinc altre remei que anar a telefonar perquè vingui un mecànic.
Mentre esperen que el mecànic arregli el cotxe, els nens van a fer un volt. Potser acabaran trobant móres!

9

-No n'hi ha ni una! -diu la Patrícia, decebuda-. He buscat darrere dels esbarzers del camí i darrere del cotxe, on hi ha un altre esbarzer, i no n'hi ha ni rastre. Haurem de tornar amb els cistells buits!
-Això dependrà de què vulgueu collir -els diu la mare-. Mireu allà dalt: estem envoltats d'avellaners que esperen que algú els tregui una mica de pes del damunt. Va, a treballar! En comptes de melmelada, aquesta tarda farem un pastís.

Un poblet encisador

10

Que bonics són els bolets del bosc a la tardor! N'hi ha de totes formes i colors: de molt petits, grocs i rodons, amb forma de trompeta i de color violeta, peluts... Sota els arbres alts hi ha una ciutat sencera de bolets. Cadascun està cobert per una teulada. Mira aquell! Té taques vermelles i blanques! És com si estiguessin habitats per follets... Anem a investigar.

11

Un follet ens rep alegre.
-Benvinguts a Nanterra! -ens diu-.
Sóc el batlle del poble. Aquest és en Martell, el fuster: és l'encarregat de reparar-nos les cases. Aquell és en Pots, el nostre cuiner. Com veieu, estem ben equipats. El poble es diu així perquè només hi vivim nans. Durant el dia dormim i ningú no pot veure'ns. No ens agrada gens que ens molestin, o sigui que, quan es fa de nit i tot es queda en calma, nosaltres sortim i ens dediquem cadascú a les nostres tasques. Qui ha dit que només existim en els contes?

La clariana del bosc

12

Aquesta nit, tots els animals del bosc estan molt emocionats. Avui tindrà lloc el combat entre els dos cérvols. En Guillem i el seu pare s'han enfilat en un arbre i esperen. Tot d'una, ressona un crit infernal.
-No tinguis por, Guillem -li diu el pare.
Tota la manada se situa al voltant de la clariana.
-Ja veuràs quin espectacle! -diu el pare a en Guillem-. Però no facis soroll!

13

Les cérvoles i els cervatons es col·loquen en cercle, mentre els dos combatents esmolen les banyes.

–Per què es barallen? –pregunta en Guillem.

–Perquè el guanyador es convertirà en el cap de la manada –respon el pare.

El duel ha començat. Amb el cap abaixat, els cérvols enllacen el banyam i lluiten.

–Els cérvols són molt intel·ligents –explica el pare a en Guillem–. No es maten, només comproven qui és més fort, i aquest serà el cap de la manada.

Una nit estrellada

14

–El proper cap de setmana –diu el mestre– vindreu tots a casa meva a la nit i observarem les estrelles amb el meu telescopi. Les nits del mes de setembre acostumen a ser clares i, com que els dies ja són més curts, les estrelles surten abans i no anireu a dormir gaire tard. Però per aprofitar bé l'excursió, caldrà aprendre's abans els noms de les estrelles...

15

Per fi ha arribat el cap de setmana! Als nens els fa una mica de por fer classe en la foscor de la nit. Quan tots estan instal·lats a la terrassa de la casa del senyor Lluís..., booooooom! Se sent un tro i, en un tombar d'ulls, comencen a caure unes gotes enormes.
–Correu, que quedareu xops! Fiqueu-vos dintre de casa! Hem de deixar-ho per a un altre dia.
Els nens, però, no van marxar amb les mans buides: el mestre els havia preparat una tassa de xocolata calenta.

Els follets

16

Hi havia una vegada una petita ciutat molt tranquil·la i pròspera. Durant la nit, uns follets molt amables anaven a acabar la feina que no havien pogut fer els seus habitants.
El forner, que per la seva feina havia de llevar-se de nit, es quedava adormit mentre pastava els ingredients del pa. Aleshores arribaven els follets, el pastaven, feien els pans, els enfornaven i els treien.

17

El carnisser havia de salar el pernil i preparar els embotits, però els follets ho feien en comptes d'ell, quan es quedava adormit. El fuster no aconseguia acabar els encàrrecs, però tant era: els follets feien molt bé la seva feina.

El vinater s'havia quedat adormit al seu tamboret. Com que estava avorrit d'embotellar, havia begut una mica, i li quedaven encara cinc barrils per embotellar! Però quan es despertés la feina ja estaria feta.

Els follets també pensaven en les mares, que estaven atabalades amb les feines de la casa i que no tenien ni un minut de repòs. Per això les ajudaven a rentar i a planxar. Al sastre, que estava malalt, ja li havien acabat el vestit que havia de lliurar d'hora l'endemà.

18

La dona del sastre era una bruixa geniüda. Unes hores de tranquil·litat anirien molt bé a l'home, però la dona, en adonar-se que els follets propiciaven la mandra del marit, va decidir fer-los fora de la ciutat. Una nit va quedar-se esperant-los i quan van arribar, els va rebre a cops d'escombra. Els follets van decidir aleshores anar-se'n a ajudar els habitants d'altres ciutats. Des d'aquell dia, tots els habitants de la ciutat van haver de tornar a assumir la responsabilitat de la feina.

L'olfacte del Tobi

19

Com es guarneix la natura a la tardor! Tria els colors més bonics per vestir-se de gala: vermell, groc, ocre, i verd, és clar, un color que no abandona mai. Aprofitarem el temps sec i els darrers raigs de sol per admirar tot l'esplendor de la natura i portar una col·lecció de fulles i de colors. Per què no convidem els nostres millors amics? I per completar el dia, el pare organitzarà un joc en què seguirem pistes. En comptes de les fletxes habituals, farem servir boletes de carn i així el Tobi, el nostre gosset, ens ajudarà a trobar el secret. Comencem!

20

Quina passejada tan bonica! El Tobi està molt segur de si mateix i ens va duent pels prats, els corriols, els bosquets... Però què li passa ara? El Tobi s'ha posat molt nerviós i està molt esverat: ha començat a tibar la corda amb molta més força. Ens duu per camins cada cop més difícils. Sembla que ha descobert alguna cosa... Què deu ser? No és el pare amagat amb el berenar. És una família de cérvols! Correu, anem a explicar-ho al pare!

El roure es queixa

21

Ja ha arribat la tardor! Un roure vell conversa amb el seu veí, l'avet:

-Quina fila faig ara? El vent se m'està enduent totes les fulles...

-Ja tindràs fulles noves per primavera -contesta l'avet.

-Sí, però mentrestant tindré fred. La natura és injusta!

-Jo no perdo ni una agulla -respon l'avet-, però l'hivern no m'estalvia pas les gebrades.

-Ja ho sé -diu el roure-. Però no puc evitar de posar-me trist. Ara me'n vaig a dormir i intentaré oblidar la meva desgràcia.

En aquell moment bufa un aire deliciosament tebi sobre el roure, i li diu:

-Ànims, senyor Roure!

El roure i el canyís

22

Un magnífic roure que vivia a prop de la vora del riu, veia com creixia un canyís. El roure no perdia ocasió de recordar la seva força i presència al petit canyís.

-Tu sí que tens motius per queixar-te de la mare natura -li deia-. Un ocellet per a tu ja és una càrrega pesant. Fins i tot el vent suau t'obliga a acotar el cap, mentre que jo no tan sols puc aturar els raigs del sol, també puc enfrontar-me a una tempesta. Si com a mínim haguessis nascut a l'ombra del meu fullam, no hauries de suportar tantes dificultats! I a més vius en una zona tan humida, amb boires al matí...

23

–Tens raó senyor Roure –va respondre el canyís–, però jo em doblego, però no em trenco.
Uns dies més tard, va desfermar-se una tempesta d'una violència inusitada, que va destruir moltes coses al seu pas. El gran arbre, robust i orgullós, va haver de donar-se per vençut, ja no podia mantenir més la seva lluita, i fou arrencat de soca-rel. Quin final tan tràgic! Tanmateix, el petit canyís no va sofrir cap mal, en no oferir resistència i plegar-se a la força del vent.

24

La melmelada de prunes

La senyoreta Lídia, la mestra de l'escola, ha decidit ensenyar als seus alumnes com fer melmelada.
–Jo tinc prunes al meu hort –diu l'Àngela–. I els meus pares m'han dit que podem collir les que vulguem.
–Doncs anem-hi!
Al cap de deu minuts, tota la classe de l'Àngela arriba a l'hort de casa seva.

25

-Hem de triar les més madures. Són les més dolces i la melmelada sortirà millor.

Però què passa? Unes abelles voleien perquè se senten molestades per la canalla, i es mostren amenaçadores.

-Marxem! -aconsella la mestra.

Un altre cop a classe, la senyoreta Lídia s'adona que en Germà es belluga molt.

-Què et passa, Germà? -li pregunta.

-M'ha picat una abella... al cul! -respon el nen, i es posa vermell.

Bru, l'esquirol

26

-Bon dia, amics! Em dic Bru i sóc un esquirol. I vosaltres com us dieu?

-Jo em dic Alba, i et presento el meu germà Daniel. Què fas? Et noto una mica inquiet.

-Recullo les meves provisions per a l'hivern, i s'ha de fer de pressa. Molts animals s'estan preparant i si no m'hi esforço, no quedaran ni avellanes ni glans ni nous...

-Podem ajudar-te? -suggereixen alhora els dos nens.

27

-D'acord. Podeu ajudar-me recollint els fruits secs que trobeu. Jo, mentrestant, aniré construint un petit graner...
Tots tres treballaven amb moltes ganes.
-Gràcies pel vostre ajut, amics. Però ara no recordo on he fet el meu amagatall!
-Allà, a l'arbre buit -assenyala l'Alba.
-N'estàs segura? -pregunta el Bru-. Em sembla que era aquí, darrere aquesta mata...
-No, Bru. És allà, a l'arbre buit -corrobora en Daniel.
-De debò? Doncs anem-hi... Decididament, sembla que estic perdent la memòria.

Quina mala sort! 28

-I ara, nens, anirem a buscar bolets. Abans d'ahir va ploure i els prats deuen ser-ne plens -diu el senyor Baltasar, el vell pagès-. Jo conec un lloc molt bo; però abans us ensenyaré en un llibre quins es poden agafar i quins no.
Al cap de poc, els nens es posen en camí. Duen botes d'aigua, perquè al camp hi ha molta humitat.

29

El senyor Baltasar tenia raó: hi ha moltíssims bolets. Els nens estan tan emocionats que ni tan sols s'han fixat en la vaca que, intrigada per les seves maniobres, se'ls va acostant i esbufega sorollosament darrere el coll d'en Jeroni. Aquest, espantat, marxa corrents a tota velocitat. Quin desastre! Ensopega amb una pedra i cau tot llarg, amb el cistell gairebé ple de bolets. La vaca no sap què pensar: ella només volia jugar una estona, i a més, per què deixen allà els bolets. A ella no li agraden gens!

La primera trucada telefònica 30

En Toni avui fa tres anys. Li encanta jugar amb el telèfon i els seus pares sempre li diuen que no és una joguina i no deixen que l'agafi. Però avui és un dia molt especial i han decidit fer-li un gran regal.

-Com que és el teu aniversari -li diu la mare-, et deixarem que telefonis als avis.

La mare li va dient el número i l'ajuda a marcar.

-Hola, sóc en Toni -exclama, orgullós.

1 La Bella Dorment del Bosc

Tot el regne estava molt alegre: la reina acabava de dur al món una nena preciosa. El rei va fer una gran festa i va convidar totes les fades, que van aprofitar-ho per dotar la petita princesa de grans qualitats. Però el rei s'havia descuidat de convidar una fada que, per aquest motiu, es va sentir molt ofesa. La fada va presentar-se davant de la nounata i va predir que la nena moriria quan tingués setze anys, punxant-se amb l'agulla d'una filosa. No obstant, una fada bona va transformar el malefici en un son de cent anys. Aterrit, el sobirà va prohibit tots els fusos al regne. Mentrestant, la princesa creixia, i cada cop era més bonica i formosa.

2

Un dia, quan la princesa ja havia fet els setze anys i tothom havia oblidat el malefici, va pujar a la torre del castell i va aturar-se davant d'una porta. Va obrir-la i va trobar-hi una vella filant. Com que mai no havia vist un fus, va sentir molta curiositat i, en anar a tocar-lo, va punxar-se. En aquell mateix instant va quedar profundament adormida. També es van adormir tots els habitants de la ciutat, en la mateixa posició en què eren. Només la vegetació no va córrer aquesta sort, i el palau va quedar cobert d'esbarzers.

3

Van transcórrer cent anys, fins que un bon dia un jove príncep va passar per allà. Quan va veure l'estrany mur d'esbarzers, va acostar-s'hi. Al cap de poc va arribar al palau, on va descobrir la noia adormida. Va trobar-la tan bonica, que la va besar. La princesa va despertar-se a l'instant i tots els que eren a palau també. Unes setmanes més tard, la princesa va casar-se amb el príncep i van ser molt feliços.

4 Història d'una nou

L'àvia acabava d'explicar una rondalla a la Rosa, la seva néta. Era la història que tots coneixem sobre el cuc que tenia molt de fred a la tardor i que amb l'ajut d'un cargol, va fer-se una caseta amb una closca de nou.

-Que llest! -va dir la Rosa-. Mai no hauria pensat a fer servir una closca de nou per a això.

-Bé, hi ha moltes més coses que es poden fer amb les closques de nou -va respondre l'àvia-. Demà t'ho explicaré.

5

L'endemà, l'àvia va treure un paquet de nous i també tot el material necessari per a transformar-ne les closques en personatges o joguines, i així ensenyar a la Rosa mil idees noves. Inspirada en la història del cuquet, a la Rosa se li va acudir de fer una tortuga.

–Jo faré uns ratolins –va dir l'àvia–. Si els posem una boleta a la banda de sota, podem organitzar autèntiques curses.

I l'àvia i la Rosa van posar-se a la feina. Qui hauria pensat que es podien fer tantes coses amb les nous!

La cacera

6

Pam! Pam! Pam! En Jan el conillet no sap on amagar-se. És impossible treure el nas fora del cau: els perdigons passen xiulant. En Jan decideix quedar-se tranquil·lament al fons de la llodriguera. Tot d'una nota que la terra es belluga i sent els lladrucs d'un gos.

«I ara què faré? –es pregunta, amoïnat–. Excavaré i fugiré a tota velocitat cap a la llodriguera del costat...»

7

Després de molt d'esforç, en Jan aconsegueix arribar a casa de la llebre.
-Caram! Podries entrar per la porta!
-Ho sento. És que ha començat la temporada de caça i hi ha un gos que em persegueix.
-Ho tinc tot previst per a aquests casos! Segueix-me!
La llebre s'enduu en Jan a una llodriguera molt ben protegida.
-Tanca bé aquest passatge que has obert. En dos minuts serem a l'hort d'en Roger. Allà no caldrà que ens preocupem més per aquests malvats caçadors.

Guerra de coixins

8

La principal diversió de l'Àlvar i en Jacob quan es lleven als matins és fer una guerra de coixins. Avui la batalla ha acabat molt malament. Les coses anaven bé fins que han trencat el llum de nit d'en Jacob. Preocupada pel terrabastall que havien fet, la mare ha pujat a renyar-los:
-D'ara endavant queden prohibides les guerres de coixins!

9

–Quina pena! –diu l'Àlvar, decebut.
–No et preocupis –respon en Jacob–. Tinc una idea: anirem a buscar bosses de plàstic a l'armari.
–No sé què vols fer, però et segueixo –respon l'Àlvar, encuriosit.
Els dos nens surten al jardí amb bosses.
–Va, afanya't! –crida en Jacob–. La mare ens deixa jugar al jardí, o sigui que podem omplir les bosses amb fulles seques i serà igual que si juguéssim amb coixins. Quina sort que sigui tardor i hi hagi fulles seques per tot arreu!

10 L'estació vermella

Ha arribat la tardor i la natura s'endormisca abans del son de l'hivern. La senyora Martí ha posat damunt la taula les fotos que va fer durant l'excursió de la setmana passada.
–Mireu aquests arbres i digueu-me què us fan pensar.
Els alumnes observen les fotos, arrufen les celles i comencen a pensar quina deu ser la resposta que busca la mestra.

11

-Aquest castanyer vermell em fa pensar en els cabells de l'Agnès -diu en Lluc.

Tots es posen a riure.

-El desmai sembla una font d'or líquid -diu la Maria, somniadora-. I aquells avets semblen maragdes sobre la seda groga d'un estoig.

-Premi! -diu la mestra-. Però d'on treus totes aquestes idees?

-Llegeixo molt -diu la Maria-. És molt bo per a fer bones redaccions després. A més, llegint no tan sols aprenc, sinó que em diverteixo, viatjo a tot arreu i visc aventures emocionants... sense bellugar-me de casa!

12 La castanyera

Ara que comença a refrescar apareixen als carrers les parades de les castanyeres. Coincideix també amb l'època en què les castanyes ja estan madures, i és una bona manera d'escalfar-se les mans i aprofitar-ho per menjar aquests fruits de tardor.

En Manel i la Coloma s'acosten a la parada de castanyes per comprar-ne una paperina: és molt més sa que qualsevol llaminadura.

13 Les orenetes

Ja avança la tardor, les fulles s'han tornat grogues i els dies són cada cop més curts. La Zip, la petita oreneta, prepara el seu viatge. Ha d'abandonar la nostra comarca si no vol morir de fred. Té al davant un llarg viatge: viatjarà al sud buscant climes més càlids, segurament fins a l'Àfrica. Quina proesa! Ha deixat un niu enganxat a l'angle de la nostra finestra, i potser hi tornarà l'any que ve, amb la primavera. Fins aviat, estimada oreneta! Bon viatge! Sabeu que els nius d'oreneta porten sort?

Val més sortir a temps 14

En Damià és molt llaminer. Cada matí, abans d'anar a l'escola, es prepara pa amb mantega i melmelada, galetes i fruita, i ho desa en una carmanyola.
Avui ha estat molta estona a la cuina, i la seva mare li diu:
–Afanya't, Damià. Hauràs de córrer si no vols arribar tard a classe!
En veure l'hora, en Damià comença a córrer a tota velocitat. Per arribar abans, decideix travessar el parc. Però, ai!, ensopega amb una pedra. Se li obre la cartera i tot li cau a terra. Cuita! S'ha de recollir tot! Sense fixar-se en què fa i només pensant que és tard, en Damià ho fica tot a la cartera de qualsevol manera.

15

-Buf! Encara sort! -pensa en Damià-. He arribat a temps!
Ara ja només pensa en l'esbarjo: vols menjar-se les coses de la carmanyola com més aviat millor.
Però què passa? Sembla que la cartera d'en Damià tremola. Tots els ulls es tomben cap al lloc d'on prové el soroll.
-Ostres! -exclama en Damià-. Un ratolí. Com se m'ha pogut ficar a la cartera?
Quan l'obre, s'adona que el ratolí se li ha menjat l'esmorzar. Se li havia ficat a la cartera quan li ha caigut al parc!

16 Ocells migratoris

Aquest serà el primer viatge de la Cíntia, la cigonya.
Ha fet tots els preparatius i s'ha pentinat les plomes.
Quan emprèn el vol, la seva mare la vigila de prop.
-Si et canses, m'ho dius -l'aconsella-. Et podràs agafar a les meves ales.
Però la Cíntia no pretén deixar-se remolcar i ja somnia anar al capdavant de l'expedició.

17

«Quin paisatge tan bonic! Quantes històries tindré per explicar quan torni», pensa la Cíntia. Però no coneix els perills que l'esperen. Una mica més tard es desencadena una tempesta fortíssima. La Cíntia està espantada i es posa sota les ales de la seva mare. Després comença a nevar i els ocells no poden veure el camí. Per damunt del mar, la Cíntia passa l'esglai més gran de la seva vida: un enorme remolí és a punt d'endur-se-la. Encara sort que passava un vaixell per allà i van poder descansar!

L'aneguet lleig

18

La mare ànega estava molt orgullosa dels seus aneguets. Cada matí els duia al llac i els ensenyava a submergir-se, a buscar cuquets per a menjar, a defensar-se dels depredadors. En resum, a comportar-se com a ànecs de debò. Acabava de covar cinc ous, n'havia tingut cura dia i nit, i ara observava com els pollets creixien al seu costat.

19

Però es posava molt trista quan n'observava un: no era com els altres. Era més gros, menjava molt més i caminava amb poca gràcia. A més a més, era molt lleig! Al cap d'un mes, en comprendre que ningú no l'estimava i que la seva mare el rebutjava, l'aneguet lleig va intentar espavilar-se sol. Als boscos veïns va trobar-se dos ocellets, que li van ensenyar a fugir dels caçadors i protegir-se de l'escopeta mortífera. La vida és molt dura per als que viuen als marges de l'estany, i l'aneguet lleig va saber que els cignes prefereixen volar cap a regions on el clima és més càlid. En arribar l'hivern, l'estany es glaça, els camps es cobreixen de neu i és molt difícil trobar menjar.

20

Desesperat, l'aneguet lleig va abandonar l'estany i va caminar molt de temps fins arribar en una caseta, esgotat. Va arrupir-se a prop de la porta i va quedar-se adormit. En despertar-se, va trobar-se al costat d'una llar de foc, sota una manta i amb un plat de cereals al costat. L'havia acollit la velleta que vivia allà. Quan va arribar la primavera va tornar a l'estany. En inclinar-se per a beure, es va reflectir a l'aigua la bonica imatge d'una au blanca. L'aneguet lleig s'havia convertit en un magnífic cigne blanc.

La Pita té vertigen

21

Quina ventada! Les fulles es belluguen sense parar. La Pita és una castanya petita, rodona i brillant, que està amagada dintre de la capa verda. Està penjada dalt de tot d'un castanyer i té molt de vertigen. Totes les seves amigues ja han caigut, però ella té por i no gosa saltar:

-No em ve de gust que em foradin ni que se'm mengi un animal! -diu.

La Pita intenta agafar-se, però no pot.

-Hauria de tenir braços -es queixa-. O encara millor, hèlices. Així podria volar molt lluny i aterrar en un prat ben tou.

En aquell precís moment, una ventada més forta que les altres sacseja la branca i s'enduu la Pita. Què serà d'ella?

22

Plaf! La Pita rodola per terra. La caiguda no ha estat pas gaire dura. En Miquel, que està recollint fulles per al seu herbari, l'ha sentida caure.

-Quina castanya tan bonica! -diu-. Estic segur que si la planto es convertirà en un arbre preciós.

En Miquel torna a casa, agafa un càvec, excava un forat i hi fica la castanya.

-Ets molt amable! -diu la Pita-. Et prometo que arribaré a ser gran com els castanyers de l'escola. Però hauran de passar uns quants anys abans!

Una passejada pel bosc

23

Els alumnes de quart surten en grups a fer una passejada pel bosc.
-Això són castanyes -diu el senyor Bru-. Això és un castanyer silvestre i aquell d'allà és un castanyer de fruit comestible. Digueu-me quina de les dues castanyes té més bon gust.
-Les castanyes silvestres -diu en Màrius.
-Les castanyes normals -diu en Carles.
-Tastem-les totes dues -diu el mestre-. Recolliu-ne unes quantes, mentre preparo el foc.
El senyor Bru apila branquetes seques i fulles dintre d'un cercle de pedres grosses. Després encén un llumí.

24

Els nens li duen les castanyes i en fan dos munts separats.
El mestre fa uns talls a la pell de les castanyes.
-Així no esclataran quan siguin al foc -explica.
El mestre posa els dos tipus de castanyes a la pedra calenta. Els alumnes en tasten de les unes i de les altres, i fent gestos significatius.
-Ara que estem d'acord sobre quines són les millors -somriu el mestre-, tirarem terra humida a les brases i tornarem a l'escola.

L'aranya i la papallona

25

Avui l'aranya està molt enfeinada.
Ja s'han fet sentir els primers freds i cal preparar-se per al dur hivern. Des de l'alba que teixeix entre dues branques la darrera teranyina.
-Esperem que no passi un borinot o una abella per aquí... Necessito recuperar forces.
Com que queden gotetes de rosada a la teranyina que està teixint l'aranya, els insectes poden veure la trampa amb facilitat. Tot d'una, una papallona que bada buscant una flor s'acosta massa a la tela i s'hi queda enganxada. L'aranya surt corrents, feliç de tenir una presa tan bonica. Quan ja és a punt de matar la papallona, dubta. Creus que se la menjarà?

26

-Quines ales tan boniques que tens! Semblen els pètals d'una flor -diu l'aranya-. D'on véns?
-Si us plau, senyora aranya, tingui pietat d'una pobra papallona perduda!
-Sí, però resulta que tinc gana i no tinc res per a menjar -diu l'aranya.
-Però les meves ales no alimenten. Si us plau! Pietat! -implora la papallona.
-D'acord -diu l'aranya.
I allibera la papallona amb molta cura per no fer-li mal a les ales.

27 La talaia

En Manel i la Lídia tenen un oncle que és caçador. Quan arriba la tardor se'n va al bosc amb una escopeta i durant tot el dia camina, observa i tafaneja. Moltes vegades torna amb les mans buides, però amb el cap ple d'imatges i sensacions. Un dia va explicar als nens com calia construir les talaies als arbres. Només de sentir-ho, els nens es van posar a treballar. Han acabat de seguida, i n'estan molt orgullosos. Els ha calgut moltes branques i molta paciència, però els ha quedat molt bé! L'oncle els ha promès que la podran inaugurar demà. Hauran d'estar preparats a l'alba i dur menjar per al camí.

28

Per fi surt el Sol. Després d'una hora d'espera, en Manel veu un cérvol petit.
-Mira, Lídia, s'acosta.
-Sí -contesta la nena-. Però passa'm el menjar, que estic afamada.
Quina pena! A en Manel li ha caigut el cistell. Si intenta agafar-lo, el cervató s'espantarà.
-Què fem? —pregunta en Manel.
-Esperem una mica. Et sembla bé? —diu la Lídia.
Què és això? Una família de conills s'ha reunit davant del cistell. Pobra Lídia! Haurà de menjar més tard. Mentrestant... es menja els conills amb els ulls.

El llop i la cigonya

29

Un dia, durant un banquet, un llop va menjar tant i tan de pressa per poder tastar-ho tot, que va estar a punt de morir, perquè un os se li havia entravessat a la gola. Per sort, per allà passava una cigonya i, en adonar-se dels gestos desesperats del llop, va córrer cap a ell, disposada a fer una bona obra. D'un cop d'ull va fer-se càrrec de la situació. Sense dir res i sense perdre el temps, va disposar-se a ajudar el llop, que ja era gairebé mort. No és tan fàcil com sembla. Creus que se salvarà?

30

Sí! Va tenir sort. Gràcies al bec tan llarg, la cigonya va poder agafar l'os. Com que havia salvat la vida al llop, li va semblar que tenia dret a demanar una recompensa, la qual cosa era raonable. El llop, en sentir les seves pretensions, no va trigar a recuperar la veu:

–Com? Una recompensa? T'atreveixes a demanar-me una recompensa? –va dir, molt enfadat–. Estàs de broma? És que no en tens prou d'haver pogut treure el bec de dintre la meva gola? El que passa és que ets una ingrata. Marxa i no tornis!

31 El ratolí llaminer

El Ratolí i el Mixet, el gat, són dos bons amics que viuen a la masia d'en Basili. Un dia, seguint els consells del ratolí gris, els dos trapelles es van ficar al rebost.

-La carnera és en aquell racó -diu en Ratolí-. Jo ja vaig començar la feina ahir al vespre.

-Hem d'afanyar-nos -aconsella en Mixet-. Em fa por el pagès.

L'amic eixampla una mica el forat que va fer a la reixa. Després, entra a l'armari i es menja el formatge..., sense descuidar-se de donar-ne una mica a en Mixet, el gat. Mengen molt, gaudeixen del formatge i de la botifarra, fins que... se senten passes a l'escala.

-Alerta! Que ve en Basili! -avisa en Mixet-. Amaguem-nos!

Però el Ratolí ha menjat massa i no passa pel forat. El pagès continua acostant-se. El gat empeny la carnera i la fa caure a terra, que es trenca. El ratolí aprofita el moment per fugir corrents a tota velocitat. Els dos bergants van passar tanta por, que van decidir no tornar a robar menjar mai més.

Rosa Roja i Neu Blanca

1

Hi havia una vegada dues noies que vivien amb la seva mare al camp. Una d'elles era morena i es deia Rosa Roja, pel color rosat que sempre li brillava a les galtes. L'altra era rossa i de pell blanca, i responia al nom de Neu Blanca. Una nit, la neu va cobrir tot el camp amb un mantell blanc. Tot d'una els va semblar que algú trucava a la porta. Quan van obrir, van trobar-se a la porta un ós bru enorme, gairebé mort de fred. L'ós va entrar i es va escalfar al costat de la xemeneia. Va passar la resta de l'hivern amb elles. En arribar la primavera, va marxar de la casa amb molta pena. Un dia d'estiu, les dues germanes van trobar-se al bosc un follet de barba blanca i espessa.

2

Semblava que tenia problemes: una àliga reial intentava endur-se'l volant. Les noies van aconseguir de fer fugir el rapinyaire, però el follet va tractar les noies amb molt mala educació. Uns dies després, van trobar-lo amb la barba enganxada a la canya de pescar. Van ajudar-lo a alliberar-se'n, però el follet no havia canviat de caràcter i va ser igual de desagraït. L'endemà al matí, van veure que tenia la barba enredada al tronc d'un arbre. Les dues germanes no van dubtar a retallar-la-hi, malgrat la seva mala educació.

3

En aquell moment va sortir d'entre les mates el seu amic ós, que va donar una bona lliçó al follet. I en aquell moment l'ós va transformar-se en un atractiu jove i el malvat follet es va transformar en una pedra. El follet, que era un bruixot, havia encantat el noi perquè fos un ós. Però les tres accions bones de les dues noies havien aconseguit desfer l'encanteri. El jove atractiu va casar-se amb la Rosa Roja i la Neu Blanca es va casar amb un germà d'ell. I tots van ser molt feliços.

4

Un amic nou

-Us presento en Jaume -anuncia el mestre als seus alumnes-. Acaba d'arribar i viurà a prop de la casa de l'Ivan... Qui vol seure al seu costat?
-Jo, mestre! -diu en Marc tot aixecant la mà.
-Perfecte -diu el professor, agraït-. Anna, agafa una llibreta d'exercicis de l'armari i dóna-la al nostre nou amic, si us plau. Començarem per les conjugacions.

5

Al cap d'una estona, el mestre fa un cop d'ull a la feina d'en Jaume i, un cop corregida, li diu:
-Vas molt bé en matemàtiques, però en llengua et falten unes quantes lliçons... Qui vol ajudar en Jaume a posar-se al dia?
En Marc aixeca el dit, tremolant. Els altres nens el miren astorats.
-Moltes gràcies, Marc! -diu el mestre-. Ja sabem que ets una mica tímid, però també que podem comptar amb tu quan ens cal. Et felicito, Marc!

6 Feliç trobada

En Pani està buscant un refugi per a passar-hi l'hivern, però tots els llocs estan ocupats. L'esquirolet, desesperat, es posa a plorar:
-Em moriré de fred!
-Vine a compartir el meu cau —li proposa la Castanyeta—. Hi ha lloc per a tots dos.
Els esquirols van passar l'hivern molt contents amb l'escalfor del cau: no els faltava res. Quan va arribar la primavera, van casar-se i des d'aleshores comparteixen el refugi cada hivern.

La boira

7

Aquesta nit fa molt de fred. Com sempre, en Samuel s'arrup al llit, però passa molt de temps abans que entri en calor. Finalment s'adorm amb els peus glaçats. L'endemà al matí, en despertar-se, en Samuel té una gran sorpresa.

-Què passa? -es pregunta mentre s'acosta a la finestra-. A fora no es veu res. On són els arbres? L'estany ha desaparegut!

Molt nerviós, baixa de seguida a veure els seus pares, que li han preparat un esmorzar deliciós. Però no té gana. Està intrigat pel misteri que envolta la casa. No pot esperar més i surt al jardí.

8

-És increïble! No puc ni caminar! -diu en Samuel-. Ni tan sols em veig els peus.

Torna a la cuina i pregunta al pare:

-Què és això?

-Tranquil·litza't, fill. Aquesta nit ha baixat una boira molt espessa. Saps què és la boira? És un núvol que hi ha arran de terra i cobreix els camps i les cases. El que t'impedeix de veure-hi més enllà del nas són unes gotetes molt petites d'aigua, que suren a l'aire. Tingues paciència! D'aquí a un parell d'hores el Sol acabarà per escampar aquesta boira.

9 Les capses de sabates

Si en David no hagués necessitat unes botes noves, mai no se li hauria acudit de demanar unes capses de sabates al venedor. No t'imagines la quantitat de coses que es poden fer amb aquestes capses de cartró! En David es posa a treballar. Per facilitar la feina, s'ha envoltat de totes les coses que pot necessitar: pintura, paper adhesiu, rotlles de paper higiènic, boletes de colors, cola, tisores... La taula és tan plena de coses, que gairebé no sap per on començar: té tantes idees! Per quina començarà? A veure si ho endevines.

10

Aquí tenim la primera capsa transformada: s'ha convertit en un llarg túnel per al trenet de fusta d'en Xavier, el seu germà petit. La segona capsa serà per a la Susanna: ben retallada i guarnida, li servirà de llit per a una nina. Ara comença a fer un garatge per a guardar-hi els seus cotxets. I per a després ja ha pensat fer, amb una capsa gran de botes, un teatre de putxinel·lis. I no cal comprar sabates perquè el sabater et regali gustós unes quantes capses!

11

La guineu i la cigonya

Un dia de bon matí, la guineu va decidir convidar a sopar a casa seva la cigonya, que era veïna seva. La guineu normalment no menjava gaire, i aquell dia va decidir que no seria una excepció. O sigui que va fer un brou i va servir-lo en un plat. La pobra cigonya, amb el llarg bec, no va poder tastar-ne ni una gota, mentre que la guineu va menjar-se-la tota de cop. La cigonya estava tan disgustada amb el comportament de la guineu, que va decidir tornar-li la invitació. La guineu va presentar-se a casa de la cigonya a l'hora acordada.

12

De la cuina sortia una aroma que alimentava. La cigonya havia preparat un estofat de carn molt tendra i molt ben assaonada. Però per fer una mica la guitza a la guineu, va ficar l'estofat en una ampolla de coll llarg i estret.
El bec de la cigonya entrava perfectament pel coll de l'ampolla, però la guineu no podia posar-hi el musell, per la qual cosa va haver de tornar-se'n a casa amb la panxa buida.
Aquesta història s'ha escrit per als tramposos: alerta!, perquè us acabaran pagant amb la mateixa moneda.

13

Objectes perduts

-Caram! S'ha acabat la llet de la nevera? -pregunta el pare-. És estrany! Em semblava que encara en quedava una ampolla.

-I on deu ser el cistell de la roba bruta? -pregunta la mare, en veure una pila de roba a terra.

-Algú ha vist la meva manta? -crida l'àvia des de la butaca de la sala, on sovint seu a descansar.

-Què està passant? No trobo el coixí del meu llit -exclama en Bru, intrigat per tantes desaparicions sobtades-. No és normal! Hem d'aclarir-ho. Primer, on és la Carolina? En Bru inspecciona la casa buscant la seva germana.

14

En Bru coneix molt bé la Carolina i sospita que hi ha alguna relació entre ella i els objectes desapareguts. Tot d'una es veu alertat per un soroll que surt del garatge: una veu.

-Ja ho sabia! Havies de ser tu! -diu en Bru en descobrir la seva germana inclinada sobre el cistell de la roba-. Què fas?

-Mira —respon la Carolina—. M'he trobat aquest pobre eriçó al carrer. Tremolava de fred! No podia deixar-lo abandonat al costat dels cotxes! Preguntaré al pare i a la mare si pot quedar-se aquí durant l'hivern.

Com viatgen!

15

No tots els ocells emigren quan arriba el mal temps. Molts no tenen el costum de viatjar a països més càlids i han d'adaptar-se als rigors de l'hivern. En Simó, el pardal, té enveja de les aus que passen per damunt del seu cap: oques, agrons, cigonyes.
«I si ho provés? –pensa–. Em caldria un bon company.»
I sense dubtar-ho més corre a parlar amb el seu amic en Ramon, el pinsà.
-Quina idea tan bona! -respon en Ramon-. Només cal que seguim el proper vol d'ànecs salvatges.
Els nostres dos amics van darrere dels ànecs, camí de l'aventura...

16

Després de dues hores de vol, en Ramon i en Simó estan extenuats.
-Ja no noto les ales -es queixa en Ramon.
-Ens deu quedar gaire? -pregunta en Simó, impacient.
Tots dos decideixen baixar en un jardí a menjar alguna cosa i descansar una estona. En canvi, els ànecs continuen la seva ruta a tota velocitat.
-Hem estat massa ambiciosos de voler seguir les grans aus migratòries –admet en Ramon–. Tornem tranquil·lament al nostre poble abans que sigui massa tard i no trobem el camí.

17 Pinotxo

Hi havia una vegada un fuster vell que es deia Gepetto. No tenia família i vivia sol. Després d'un dia de molta feina li agradava tallar ninotets de fusta. Una nit, una fada bona va decidir recompensar-lo i va transformar un titella en un nen de debò. En Gepetto feia salts d'alegria. Va anomenar-lo Pinotxo i el va matricular a la millor escola. Però quina pena! En Pinotxo no tenia cap interès pels estudis i es va deixar dur per dos pillets molt ganduls que es va trobar a la sortida de l'escola. Al cap de poc, va caure presoner d'un home que tenia un circ de titelles. Entre una representació i una altra, ficava en Pinotxo en una caixa, perquè no pogués fugir.

18

En Pinotxo enyorava la vida a l'escola i un dia va cridar la fada bona perquè l'ajudés. La fada li va dir que li expliqués tota la veritat, però en Pinotxo va començar a dir mentides i, com a càstig, el nas va anar-li creixent. Al principi en Pinotxo no va adonar-se'n, però en dir més mentides, va descobrir el que succeïa. Després, la fada el va treure de la casa i li va explicar què havia passat a en Gepetto: molt trist per la seva desaparició, se n'havia anat de casa i...

19

... una balena immensa se l'havia empassat. En Pinotxo, en adonar-se de tot el mal que havia fet al pobre fuster, va decidir anar a salvar-lo i va submergir-se al mar. La balena també va empassar-se en Pinotxo, que va trobar-se en Gepetto. Després de plorar de felicitat, se'ls va acudir la idea d'encendre una foguera, la qual cosa va obligar la balena a vomitar tot el que havia menjat: per fi eren lliures d'aquella presó!
Un cop a terra ferma, feliços d'estar sans i estalvis, en Gepetto va tornar a la seva feina i en Pinotxo va ser des d'aquell dia un nen exemplar.

Els caçadors 20

L'Àlex i la Sònia passegen pel bosc. Quan arriben a prop del riu, s'aturen i repengen les motxilles a les roques. De la motxilla de l'Àlex sobresurt la culata d'una escopeta.
Els nostres amics es mengen unes galetes i després s'amaguen en silenci sota unes pells. Esperen amagats que els animals del bosc s'acostin al riu a beure aigua.

21

Els dos nens fan una juguesca en veu baixa: han d'endevinar quin serà el primer animal d'aparèixer: el cérvol, el senglar o la llebre.
No ho ha encertat cap d'ells. La primera d'aparèixer és una cérvola. Amb les orelles dretes, esbufegant i les passes vacil·lants, s'acosta a l'aigua, de mica en mica.
Sense fer sorolls, l'Àlex es preparar, apunta i... clic! Fa una foto.
-Sóc un caçador temible... d'imatges, gràcies a aquest sistema que ha inventat el pare -diu mentre dóna uns copets a la brillant culata de l'escopeta.

22

Un bon recer

Aquest matí, en Blai s'ha llevat molt d'hora. Ara és al jardí, enfeinat en una tasca molt curiosa. Ha agafat una bona aixada i està obrint uns forats immensos al voltant de tots els arbustos petits del jardí.
-Què fas, Blai? —li pregunta el carter.
-No tinc temps per explicar-li-ho. Ja ho faré un altre dia...
Què se li deu haver acudit?

23

Quan ho veu la seva mare, surt corrents a preguntar:
-Per què caves tots aquests clots, Blai?
-Mare, és per ajudar les plantes i els arbres. He sentit a la televisió que nevarà. I com que es glaçaran de fred, he decidit posar-los en un lloc calent abans que glaci: els posaré a la meva habitació.
La mare es posa les mans al cap. Sempre passa el mateix amb en Blai: està ple de bones intencions, però això de reflexionar no ho té tan clar.

24 La brúixola dels arbres

L'Ignasi està perdut al cor del bosc. Sap que per tornar a casa ha d'anar cap al nord. En què creus que ha de fixar-se per poder orientar-se?
L'Ignasi s'ha adonat que tots els arbres gruixuts estan coberts de molsa, però només per una banda, i sempre la mateixa banda.
-Ja ho sé! -diu-. La molsa indica la part més humida, al nord. Ara només em cal seguir aquesta direcció i aviat tornaré a ser a casa.

Plantem arbres

25

Diuen que per santa Caterina qualsevol fusta germina. Els alumnes del senyor Martí han decidit comprovar-ho. Han plantat tres faigs, i s'han preocupat de posar una guia a cadascun perquè el vent no pugui arrencar els arbres. A més, han col·locat una malla al voltant per impedir que els animals es repengin al tronc i el tombin. També han posat palla al voltant per a protegir les arrels durant l'hivern.

26

–Quines ganes tinc que arribi la primavera per veure si han agafat bé –diu l'Helena.
–Quan arribaran a l'edat d'adults? –pregunta en Ferran.
–Li falten uns quinze anys, com a mínim!
—Aleshores no serveix de res el que hem fet: no ens hi podrem enfilar mai!
–No, vosaltres no us hi podreu enfilar, però quan sigueu grans i veieu els nens que hi juguen a l'ombra, us direu: «quina idea tan bona que vam tenir aquell dia» —els diu el senyor Martí.

La cornella està salvada

27

Tot i que fa molt de fred, l'Enric ha decidit fer un volt pel camp. A la vora del camí sent una fressa estranya.
-Caram! -diu-. Normalment les cornelles volen molt enlaire, per damunt dels arbres.
Intrigat, s'acosta i veu una cornella petita que està molt espantada.
«Està ferida. La deu haver atropellat un cotxe... o potser l'ha atacada un falcó», es diu.
L'ocell no pot volar. Sembla que suplica ajuda amb els ulls.
-No et preocupis -li diu l'Enric-. Et guariré a casa.
L'agafa amb cura i se l'emporta.

28

Un cop instal·lada en una capsa, la cornella recupera les forces. Per donar les gràcies al seu salvador fa uns quants cucleigs.
-Potser et puc ensenyar a parlar! –diu l'Enric–. Va, repeteix amb mi: En-ric, En-ric.
A la cornella no li cal gaire temps per aprendre la lliçó i pronuncia alegrement el nom del seu amic.
-Així –diu l'Enric–, quan necessitis res de mi, només cal que em cridis i jo vindré a ajudar-te.

El venedor de castanyes

29

El senyor Bertran és un venedor de castanyes. Cada hivern petits i grans el troben amb alegria davant el seu fogó de carbó a la plaça Gran. L'únic que la gent lamenta quan el veu és que no somriu mai. I és que el senyor Bertran viu molt sol i això no sempre és agradable.
Avui ha nevat tant que tots els carrers estan coberts de neu. El senyor Bertran ha sortit de casa i ha de fer molt de tros abans d'arribar a la plaça Gran. Pel camí, l'ancià veu una cosa estranya. S'atura i s'acosta a una pileta de neu que acaba de bellugar-se a la vora del carrer. Què deu ser?

30

El senyor Bertran s'acosta amb molta cura al petit monticle que li ha cridat l'atenció. I què troba? Un gatet! Està mig mort de fred.
El senyor Bertran agafa la bestiola amb molt de compte, l'estreny contra el seu cos, fa mitja volta i se'n torna a casa. Curiosament, un somriure li il·lumina la cara. Segur que demà la gent el trobarà molt canviat. Si algú et pregunta per què, explica'ls la història del gatet.

La pista de patinatge

1

El termòmetre del carrer marca set graus sota zero! Els nens estan encantats perquè amb aquesta temperatura s'ho passaran de primera. Surten molt abrigats i van a una pista ben gran per a patinar, al final d'un carrer sense sortida. Cadascú es va impulsant tan bé com pot i llisca pel glaç brillant i uniforme. Uns patinen amb els peus separats; d'altres, amb els peus junts. Els més experts, dobleguen els genolls i fan dos o tres salts abans d'arribar al final de la pista. El gran Lluís fins i tot sap patinar amb un sol peu, davant la mirada atònita dels seus companys. Creus que en Joan sabrà fer-ho?

2

Agafa impuls i... horror! Perd l'equilibri i es dóna un cop de cap contra el glaç. Tots els nens es posen a riure, excepte en Lluís, que ha sentit el soroll del cop.

-No és res de greu -diu a en Joan, després de comprovar que no té res-. Té, agafa el meu mocador i eixuga't les llàgrimes, perquè si no, se't congelaran i tindràs pistes de patinatge per a les mosques!

En Joan el mira i somriu.

-Ara -diu en Lluís-, deixa'm que t'expliqui què has de fer per a no caure...

3

Somni d'hivern

En el seu profund son d'hivern, en Tic, l'eriçó, té un somni increïble. Veu un enorme cistell de pomes vermelles davant seu. Les ha dutes la Tica, la seva amiga. Però amb una condició: que no se les mengi.
–Si menges una sola d'aquestes pomes, et convertiràs en un cuc –li diu.
En Tic no creu en aquestes històries i, quan es fa de nit, la gana l'empeny cap al cistell.
«Per què hauria de transformar-me en un cuc? –es pregunta–. Aquestes pomes deuen estar delicioses.»
I es menja a queixalades la poma més grossa de totes. Després decideix fer una becaina per a fer bé la digestió.

4

En Tic té mal de panxa.
«Segur que em passa de seguida», es diu.
Però el dolor no minva. Tot d'una, en Tic nota que les punxes se li comencen a convertir en una cua.
–Què em passa? Començo a semblar un cuc horrorós?
I aleshores recorda l'avís de la Tica. Presa del pànic, es desperta tot suat i observa les potes, després les punxes: tot continua igual.
–Buf! Tot ha estat un malson!

Sant Nicolau

5

Als països del nord d'Europa hi ha una tradició molt bonica en què sant Nicolau, amb el seu trineu, duu regals a les cases dels infants. Aquesta és la història del que va succeir a casa de l'Alícia un dia de sant Nicolau.

L'Alícia i en Vicenç no van dormir gens bé: els seus pares els havien anunciat la visita de sant Nicolau. Amb el cor fent salts, van baixar les escales de puntetes i van entrar a la sala amb molt de compte. Quina sorpresa! Hi havia joguines i llaminadures al voltant de la llar de foc. Els nostres amics van desembolicar els regals, van tastar un ninot de xocolata i un porquet de massapà. El pare els va fer alguna foto i la mare va començar a preparar-los l'esmorzar: xocolata desfeta!

6

No van donar gaire importància al menjar perquè estaven molt atrafegats amb les joguines.

En Vicenç i la seva germana van estar jugant tot el dia.

–Ja és hora d'anar-se'n a dormir –els diu la mare.

L'Alícia i el seu germà es miren i després posen una joguina i unes llaminadures a la llar de foc.

–Sant Nicolau ho podrà dur als nens que no tenen res –expliquen els nostres amics.

–Estem molt orgullosos de vosaltres –els diu el pare mentre els abraça.

7

Increïble

Tothom que coneix bé la Mònica sap que té un osset bru que és el seu amic inseparable i que va amb ella a tot arreu. Però un dia li va succeir una cosa molt curiosa. Havia nevat molt i la Mònica va estar jugant amb els seus amics tot el dia. Van començar per fer un ninot de neu, i li van posar un barret de palla i una bufanda vella que van trobar al soterrani de casa. Després, van organitzar curses de trineus i batalles amb boles de neu. També van jugar a patinar sobre el glaç de l'estany. Tornant a casa, la Mònica es va adonar que no duia l'osset bru.

8

–T'asseguro, Mònica, que demà trobarem el teu osset bru –va dir-li el pare mentre la posava al llit–. No ploris... Anirem junts a buscar-lo. La Mònica va passar molt mala nit. El que no sabia era que l'endemà al matí, com el seu pare li havia promès, trobaria l'osset. Oi que no sabeu on? Era a la bufanda, entre els braços del ninot de neu. Ningú no sabrà mai com va arribar-hi.

Que bo!

9

No tots els regals es compren. I sovint els més bonics són els que fa un mateix, perquè estan fets exactament al teu gust i amb molt d'amor. Cada any, quan s'acosten les festes de Nadal, la Carolina i en Miquel fan trufes de xocolata i després les regalen a l'àvia Margarida. Avui és el dia de les trufes. La seva mare els ha posat tots els ingredients damunt de la taula de la cuina: 200 grams de xocolata, 60 grams de mantega, un rovell d'ou, quatre cullerades de sucre en pols, cacau en pols i uns trenta motlles de paper per col·locar-hi les trufes. La Carolina prepara una capsa per a regalar.

10

Per a la Carolina i en Miquel el moment més divertit de la preparació és quan la pasta ja està freda i a punt per escampar-la amb el corró.

S'empastifen les mans de xocolata, però els agrada molt!

-Mireu aquesta —exclama en Miquel—. M'ha sortit molt rodoneta.

-La meva és més grossa —diu la Carolina—. No crec que serveixi. Val més que me la mengi!

Sort que la mare és amb ells i els vigila!

-Deixeu-ne alguna per a l'àvia!

La vida s'atura

11

S'acosta l'hivern. Al camp regna un silenci total. La Lluna està envoltada per un halo lluminós: glaçarà. El cel és ple d'estrelles. Els animals fan els darrers preparatius: necessiten molt de menjar i sobretot un refugi que els protegeixi de la neu i del glaç. No tornaran a despertar-se fins que apareguin els primers raigs de sol per primavera, d'aquí a tres llargs mesos. Fa la sensació que els animals desapareixen. Tu també surts menys a l'hivern i t'estimes més l'escalfor de casa. Doncs bé, els animals fan el mateix que nosaltres: prefereixen quedar-se arrecerats als caus. Alguns, com l'eriçó, decideixen dormir tot l'hivern.

El cavall i el llop

12

Un dia, un llop afamat va descobrir un cavall preciós. Però el cavall és un animal massa gros per a un llop, per la qual cosa aquest va decidir enganyar-lo.
–Saps, estimat amic, que conec totes les plantes d'aquesta contrada i sé dir-te exactament per a què serveix cadascuna? Si et fa mal res, només cal que m'ho diguis i et guariré –va dir el llop.
El cavall, que era molt desconfiat, va veure que el llop el volia enganyar i va respondre:
–Acosta't, amic. Se m'ha clavat una punxa a la pota i em fa molt de mal. Podries alleujar-me aquest dolor?

13

Convençut que el cavall havia caigut a la seva trampa, el llop va acostar-se ràpidament i va dir:
-És clar. T'ho guariré de seguida, i de franc. Per a això són els amics, oi?
Va acostar-se a la pota del cavall i... plam!, d'una coça ben clavada va deixar el llop fora de combat. «Ja m'està bé —va pensar el llop—. Cadascú ha de dedicar-se a la seva feina. Si no tinc l'ofici de carnisser, per què he volgut exercir la medecina?»

Bons desigs

14

Quina feina que té en Pere, el carter, quan s'acosten les festes! Ja no pot més, la cartera és plena a vessar de postals de felicitació. Fa molt de fred i és difícil caminar pels carrers glaçats. Evidentment, compta amb el somriure de la gent a qui lliura les cartes. Però té els dits glaçats i li fa molt de mal l'esquena.
-Ai, si pogués descansar una mica! —somnia despert.

15

Es distreu amb els pensaments i, sense adonar-se'n, patapam!, rellisca a la vorera glaçada. Es fa molt de mal i no pot moure la cama. Se la deu haver trencada?
-Està trencada -confirmen a l'hospital.
En Pere està una mica incòmode, però per altra banda aquest descans forçat li anirà molt bé, tot i que se sentirà molt sol. El que no sap encara és que, en tenir notícies del seu accident, tot el barri s'ha reunit per escriure-li una bonica felicitació. Aquest any, en comptes de repartir targetes, en rebrà una de molt bonica!

Senyora Neu

16

Hi havia una vegada una nena molt bonica que vivia amb la madrastra i la germanastra. Un dia, quan era al jardí, va caure-li la pilota al pou. En abocar-se per recuperar-la, també ella va caure de cap a l'interior del pou. En arribar al fons, va descobrir un jardí molt elegant cobert de flors de tots colors. Un tros lluny hi havia una caseta i va decidir acostar-s'hi. Pel camí va trobar-se un forn on es coïen uns panets.

17

–Treu-nos d'aquí! Tenim molta calor! –va sentir que cridaven. La nena va fer el que li demanaven els panets. Més endavant va trobar-se una pomera carregada de fruita, que va demanar-li:

–Podries sacsejar-me les branques perquè les pomes més madures caiguin a terra? Pesen molt!

La nena, servicial com sempre, va sacsejar amb tota la seva força les branques de la pomera. Per fi va arribar a la casa i va trucar. Una velleta d'aspecte molt dolç va obrir. Era la senyora Neu, que, en veure-la, li va demanar que l'ajudés en les feines de la casa. Quan va acabar de fer tota la neteja, va espolsar els edredons i... tot d'una el paisatge va quedar cobert de neu! La senyora Neu, satisfeta, va indicar-li el camí de tornada a casa. En passar per la porta de sortida, la nena es va veure coberta amb una pluja d'or.

18

En arribar a casa, va explicar tot el que li havia succeït i la madrastra va pensar que havia d'enviar-hi la filla, perquè així aconseguís un altre tresor. Però la germanastra era molt mandrosa i no volia ajudar ningú. Va baixar al fons del pou i no va fer cap cas dels panets ni de la pomera, ni tampoc va ajudar la senyora Neu en les feines de la casa.

–Doncs així, torna per on has vingut! –va dir-li la senyora Neu.

I quan la nena va passar per la porta, va caure-li al damunt una galleda de sutge.

19

La clau

–Què és això? –diu la Isabel, inclinant-se sota l'armari–. Em sembla que veig brillar alguna cosa per aquí... Sí, és una clau. D'on deu ser? Vaig a buscar en Julià. Potser ell sap de quin pany és.
–No –respon en Julià–. No sé d'on pot ser. I si provem els panys? Potser és la clau del soterrani.
–No ho crec –diu la Isabel–. Aquesta és molt més petita. S'assembla més a les claus dels armaris. Segur que és de l'armari de les galetes i la xocolata.
–Mala sort! No entra al pany. Quina pena! M'hauria agradat que fos aquesta clau –diu en Julià.

20

Des de fa una bona estona, la Isabel i en Julià revisen tots els panys.
–Ja només ens queda el sotaescala –diu en Julià–. Anem a fer el darrer intent.
Aquesta vegada el pany cedeix, però...
–Què passa? –pregunta la Isabel–. Deixa'm passar i veure-ho...
Quina alegria per als dos nens! Acaben de descobrir, per casualitat, el lloc on la mare desa els guarniments i les boles de Nadal.
–Vinga! Decorem la casa abans que la mare ho sàpiga! Li farem una bona sorpresa.

Ha arribat l'hivern

21

-Què passa?
En Jan, el conill, no creu el que veu. Tot el camp està cobert per un immens tapís blanc. Com que en Jan només té tres mesos, no ha vist mai la neu. Espantat, va a explicar-ho a la seva mare.
-Mare, mare! No puc sortir! El camp està cobert amb un edredó enorme!
La Joanna, la seva mare, el tranquil·litza:
-No et preocupis. És que aquesta nit ha nevat. Pots córrer per damunt de la neu. Surt i juga.
-Però fa molt de fred -respon en Jan-. Vine amb mi!
-No, que he de fer moltes coses a casa. Per què no vas a buscar en Quim, el teu amic del costat? No et descuidis de posar-te la gorra i la bufanda!

22

Uns quants salts i en Jan es presenta a casa d'en Quim. El pare està una mica nerviós:
-Alerta amb els caçadors. Com que tot està tan blanc, és molt fàcil veure-us, fins i tot de lluny. No us allunyeu gaire del cau.
Els nostres amics surten a fer una divertida batalla de boles de neu. Després, ja més tranquils, decideixen fer un ninot. Que bé que s'ho passen! Fan el cap i el cos ben rodons, i el guarneixen amb bufanda i barret, perquè no es refredi.

La Nit de Nadal

23

És el primer dia de les vacances de Nadal.
-Com passa el temps! -sospira el pare mentre desempaqueta l'arbre de Nadal.
L'Alícia i en Toni porten dues capses que contenen els llums intermitents, garlandes i boles per a guarnir l'arbre. El senyor Torres posa l'arbre damunt d'una tauleta i després comprova si els llums continuen funcionant bé.
-Ja podem posar-los! —diu—. Després penjarem les boles i, per acabar, les garlandes.
Els nostres amics es posen mans a l'obra plens d'alegria. Com els agrada guarnir l'arbre de Nadal i fer el pessebre! Esperen impacients la Nit de Nadal: és una nit tan bonica!

24

L'Alícia i en Toni es muden, seuen a sopar en una taula que han preparat amb molta cura. El menjar és deliciós. Després, es reuneixen tots davant de l'arbre i canten nadales. Sota l'arbre hi ha regals. Què deuen ser?
-Obriu aquest —diuen en Toni i l'Alícia als seus pares—. És per a vosaltres.
Emocionats, els pares obren el paquet... És una foto de família en un marc! Qui deu haver estat?
-És molt bonic —diu la mare—. Com coneixeu els nostres gustos!

25

Menjar en família

Han convidat els avis d'en Toni i l'Alícia a dinar el dia de Nadal. Mentre el pare s'encarrega dels aperitius, l'Alícia i en Toni ajuden la mare a acabar els preparatius del menjar.

–A mi el que més m'interessa són les postres –diu la nena, que és força llaminera.

–Ens deixaràs preparar el pastís de Nadal? –pregunta en Toni, que té els mateixos gustos que la seva germana.

–Anem per parts! –els diu la mare–. Començarem amb escudella amb galets i carn d'olla, i després indiot farcit, amb orellanes, prunes i pinyons.

–Quina bona cara que fa! –diu en Toni, que mira dintre del forn–. Com ens posarem!

–I on és el pastís de Nadal? –pregunta l'Alícia, inquieta.

–No et preocupis: és damunt la taula del menjador –diu la mare–. Però encara s'ha de guarnir. Podeu fer-ho vosaltres? –pregunta la mare amb to maliciós.

–Com ens coneixes! –somriu l'Alícia.

L'Alícia i en Toni van corrents a buscar la nata de la nevera.

–Primer hem de tastar-la –diu l'Alícia, molt seriosa–. Podria haver-se fet malbé.

–Quina excusa tan bona! –aprova el germà gran sense vacil·lar.

Hansel i Gretel

26

Hi havia una vegada un matrimoni de llenyataires molt pobres que vivien en una barraca amb els seus dos fills, en Hansel i la Gretel. Un dia, quan ja no tenien res per menjar, el llenyataire va decidir abandonar els dos nens al bosc. Al matí, molt d'hora, va sortir amb en Hansel i la Gretel. En arribar al cor del bosc, el llenyataire va fer una foguera i va recomanar als fills que s'hi quedessin a prop, perquè ell anava a tallar llenya, i va marxar.
Quan va començar a fer-se de nit, els nens van tenir por i van intentar tornar a casa, però no coneixien aquell bosc, i van haver d'esperar que es fes de dia.

27

L'endemà al matí, van arribar a la porta d'una casa preciosa. Tenia la teulada de xocolata i les finestres de caramel. Els dos nens tenien molta gana i van començar a menjar. Aleshores va aparèixer una velleta. Va convidar-los a passar, va donar-los menjar i allotjament. Però en realitat era una bruixa. Va tancar en Hansel en una gàbia, decidida a engreixar-lo i menjar-se'l, i obligava la Gretel a fer les feines de la casa. La bruixa comprovava cada matí si en Hansel s'havia engreixat mesurant-li el dit petit.

28

Però com que no hi veia bé, en Hansel l'enganyava ensenyant-li un os de pollastre en comptes del dit. La bruixa va acabar per perdre la paciència. Flac o gras, se'l menjaria igualment. Va ordenar a Gretel que posés aigua a bullir en una olla enorme. Poc després, la nena va demanar a la bruixa que comprovés si l'aigua estava ben calenta. Quan la vella va abocar-se sobre l'olla, va clavar-li una empenta amb totes les seves forces i la va fer caure dintre de l'aigua bullent. Després va alliberar el seu germà i tots dos van aconseguir trobar el camí de tornada a casa. Els pares van estar molt contents de tornar a veure'ls.

L'Esquirol té gana

29

L'Esquirol ja no té provisions.
Recorre el bosc cercant menjar.
–Has estat molt fartaner, amic meu –li diu el roure–. Cal ser previsor.
–No em tornarà a passar! –respon l'Esquirol, somicant.
–Mira sota aquesta pedra: és un amagatall on vaig posar glans per als imprudents –li diu el roure.
–Moltes gràcies! –respon l'Esquirol, agraït.

La nit de Cap d'Any

30

A la gran sala de festes del poble hi ha molta animació. Aquest any, com tots els anteriors, s'hi celebrarà la festa de Cap d'Any. Però hi ha una novetat: el batlle ha decidit encarregar la decoració de la sala als nens del poble. Ells estan encantats de tenir aquest privilegi, ja que és motiu d'orgull per a tot el que hi participa. L'Andreu, com que és un nen molt responsable, ha estat nomenat encarregat de l'operació. Com a bon organitzador, ha repartit les tasques per grups, de forma que cada nen sap exactament què ha de fer. El grup de la Clara s'encarrega de penjar les garlandes a les parets.

31

Els més petits s'han encarregat d'anar a la botiga i comprar caretes i antifaços, serpentines, barrets, espantasogres i alguna pinyata. El grup d'en Guillem s'ha encarregat de comprar gots de plàstic i begudes per a tothom. El grup de la Teresa s'encarrega de preparar les taules i els platets amb els grans de raïm. Quan arriben els grans, que es queden bocabadats:

–Que bonic! –exclamen tots.

–Ben fet! –els felicita la mestra.

–Vinga, que comenci la festa! –diu en Joan, el cambrer.

–Feliç Any Nou! –exclamen tots.

Índex

Gener

Febrer

Març

Abril

Maig

Juny

Juliol

Agost

Setembre

Octubre

Novembre

Desembre